L'UPADEŚĀMṚTA

L'enseignement de Śrīla Rūpa Gosvāmī

Gloire à Śrī Guru et Śrī Gaurāṅga

L'UPADEŚĀMṚTA

L'ENSEIGNEMENT DE ŚRĪLA RŪPA GOSVĀMĪ

Présentation intégrale en français de
l'Upadeśāmṛta de Śrīla Rūpa Gosvāmī

*avec le sanskrit original, la translittération en caractères
romains, l'équivalent français de chaque terme sanskrit
et la traduction en prose de chaque verset suivie
d'un commentaire élaboré par*

Śrī Śrīmad
A. C. Bhaktivedanta Swami Prabhupāda

Acharya-fondateur de l'International Society for Krishna Consciousness

THE BHAKTIVEDANTA BOOK TRUST

Les personnes qui voudraient avoir des renseignements
sont invitées à s'adresser à l'un de nos centres
(voir la liste à la fin du livre) ou à écrire à hkf@pamho.net.

Traduction : Robert Amyot (Avyaya Dāsa)
Révision : Véronique Verrier (Krishna Kīrtana Devī Dāsī)
Design de la couverture : Maṅgala-vatī Devī Dāsī

The Nectar of Instruction (French)

ver20191000

bbt.se
bbt.org
bbtmedia.com
krishna.com

ISBN 978-91-7769-099-3

Imprimé en 2019

Vous pouvez vous procurer ce livre
en format numérique et audio,
gratuitement, à bbtmedia.com
Code: EB16FR83695P

Préface

Le Mouvement pour la Conscience de Kṛṣṇa se place sous les auspices de Śrīla Rūpa Gosvāmī. Les dévots de la Conscience de Kṛṣṇa sont appelés Gaudīya *vaiṣṇavas* ou *vaiṣṇavas* du Bengale, et appartiennent pour la plupart à la lignée de Śrī Caitanya Mahāprabhu dont les six Gosvāmīs de Vṛndāvana furent de proches disciples. Aussi Śrīla Narottama Dāsa Ṭhākura chante-t-il :

> *rūpa-raghunātha-pade ha-ibe ākuti*
> *kabe hāma bujhaba se yugala-pīriti*

« Lorsque j'aurai l'ardent désir de comprendre les écrits des Gosvāmīs, alors je serai capable de comprendre les échanges sublimes d'amour entre Rādhā et Kṛṣṇa. »

Śrī Caitanya Mahāprabhu apparut en ce monde avec une bénédiction à accorder à l'humanité : la science de Kṛṣṇa. Parmi les divertissements du Seigneur Kṛṣṇa, Ses échanges d'amour avec les *gopīs* sont les plus sublimes. Aussi est-ce imprégné des mêmes sentiments que Śrīmatī Rādhārāṇī, la plus élevée des *gopīs,* que Caitanya Mahāprabhu choisit d'apparaître. Pour pouvoir comprendre le sens de Sa mission et marcher sur Ses traces, il nous faut très sérieusement emprunter la voie que tracèrent les six Gosvāmīs de Vṛndā-vana – Śrī Rūpa, Sanātana, Bhaṭṭa Raghunātha, Śrī Jīva, Gopāla Bhaṭṭa et Dāsa Raghunātha Gosvāmīs.

Śrīla Rūpa Gosvāmī qui était à la tête du groupe des Gosvāmīs nous fit don de cet ouvrage, l'*Upadeśāmṛta*, pour nous guider dans nos actes. À la manière de Śrī Caitanya Mahāprabhu qui laissa huit versets connus sous le nom de *Śikṣāṣṭaka*, Rūpa Gosvāmī nous légua l'*Upadeśāmṛta* pour que nous puissions devenir de purs *vaiṣṇavas*.

Sur le chemin spirituel, le premier devoir consiste à contrôler notre mental et nos sens. Car à moins de maîtriser notre mental et nos sens, il nous sera impossible de progresser dans la vie spirituelle. Tout être dans ce monde matériel est pris dans les filets de la Passion et de l'Ignorance (*rajo-guṇa* et *tamo-guṇa*). Mais, en appliquant les enseignements de Śrīla Rūpa Gosvāmī, on pourra s'élever au niveau de la Vertu (*sattva-guṇa*). Dès lors, tout ce qui permet de progresser nous sera révélé.

Toute progression dans la Conscience de Kṛṣṇa dépend de l'attitude du disciple. Aussi, les disciples du Mouvement pour la Conscience de Kṛṣṇa devraient-ils devenir de parfaits *gosvāmīs*. Les *vaiṣṇavas* sont généralement appelés *gosvāmīs* et à Vṛndāvana, c'est le titre qu'on attribue aux dirigeants des différents temples. Celui qui veut devenir un parfait dévot de Kṛṣṇa doit devenir un *gosvāmī*. *Go* signifie « sens » et *svāmī* « maître ». À moins de maîtriser nos sens et notre mental, on ne peut devenir un *gosvāmī*. Pour atteindre la perfection de l'existence, autrement dit devenir un *gosvāmī* puis un pur dévot du Seigneur, on doit suivre les enseignements donnés par Śrīla Rūpa Gosvāmī dans l'*Upadeśāmṛta*. Śrīla Rūpa Gosvāmī est l'auteur de nombreux autres ouvrages dont le *Lalita-mādhava*, le *Vidagdha-*

mādhava et le *Bhakti-rasāmṛta-sindhu*, mais l'*Upadeśāmṛta* renferme les instructions de base destinées aux dévots débutants. On devrait donc suivre ces enseignements avec rigueur. Alors il deviendra facile de faire de sa vie une réussite. Hare Kṛṣṇa.

A.C. Bhaktivedanta Swami

Le 20 septembre 1975
Viśvarūpa-mahotsava
Kṛṣṇa-Balarāma Mandira
Ramaṇa-reti, Vṛndāvana, India

Premier verset

वाचो वेगं मनसः क्रोधवेगं
जिह्वावेगमुदरोपस्थवेगम् ।
एतान् वेगान् यो विषहेत धीरः
सर्वामपीमां पृथिवीं स शिष्यात् ॥ १ ॥

vāco vegaṁ manasaḥ krodha-vegaṁ
jihvā-vegam udaropastha-vegam
etān vegān yo viṣaheta dhīraḥ
sarvām apīmāṁ pṛthivīṁ sa śiṣyāt

vācaḥ : de la parole ; *vegam :* sollicitations ; *manasaḥ :* du mental ; *krodha :* de la colère ; *vegam :* pulsions ; *jihvā :* de la langue ; *vegam :* sollicitations ; *udara-upastha :* de l'estomac et des organes génitaux ; *vegam :* pulsions ; *etān :* ces ; *vegān :* sollicitations ; *yaḥ :* quiconque ; *viṣaheta :* peut tolérer ; *dhī-raḥ :* sobre ; *sarvām :* entier ; *api :* certes ; *imām :* ce ; *pṛthivīm :* monde ; *saḥ :* celui-là ; *śiṣyāt :* peut accepter des disciples.

L'être sobre, capable de résister aux tentations de la parole, aux sollicitations du mental, aux incitations à la colère et aux pulsions de la langue, de l'estomac et des

organes génitaux, est qualifié pour accepter des disciples par toute la terre.

Dans le *Śrīmad-Bhāgavatam*, Mahārāja Parīkṣit soumet un certain nombre de questions pertinentes à Śrīla Śukadeva Gosvāmī, parmi lesquelles : « Pourquoi ceux qui ne peuvent maîtriser leurs sens tentent-ils d'expier leurs fautes ? » Prenons par exemple un voleur qui, même s'il sait fort bien qu'il peut être arrêté pour ses vols, et même s'il a vu un autre voleur appréhendé par la police, continuera cependant à voler. On acquiert de l'expérience par l'écoute et par la vue. Une intelligence moindre l'acquerra par la vue ; une intelligence plus développée, par l'écoute. Ainsi, lorsqu'un homme doué d'intelligence apprend des livres de loi et des Textes révélés (*śāstras*) que voler est un crime et que tout malfaiteur qui se fait prendre sera arrêté et châtié, il s'abstient de le faire. Mais l'homme d'intelligence moindre devra d'abord subir arrestation et punition avant de comprendre qu'il ne faut pas voler. Quant à la crapule, il continuera ses crimes même après avoir vu et entendu, et même après avoir été puni. Châtié par l'État, ayant ainsi expié ses fautes, un homme de ce genre récidive dès sa sortie de prison. Si l'emprisonnement doit permettre au voleur de racheter ses fautes mais qu'il reprend, une fois libre, ses activités malfaisantes, quelle peut être la valeur de son expiation ? Telle est la question de Mahārāja Parīkṣit, rapportée dans le *Śrīmad-Bhāgavatam* (6.1.9–10) :

> *dṛṣṭa-śrutābhyāṁ yat pāpaṁ*
> *jānann apy ātmano 'hitam*
> *karoti bhūyo vivaśaḥ*
> *prāyaścittam atho katham*

kvacin nivartate 'bhadrāt
kvacic carati tat punaḥ
prāyaścittam atho 'pārtham
manye kuñjara-śaucavat

Il compare ce genre d'expiation au bain des éléphants. L'éléphant peut prendre un bon bain dans la rivière, mais sitôt sur la berge, il se couvre à nouveau de poussière. Que lui vaut alors de s'être si soigneusement baigné ? Pareillement, de nombreux spiritualistes chantent le *mahā-mantra* Hare Kṛṣṇa tout en se livrant à des actes défendus, pensant que le chant neutralisera leurs fautes. Parmi les dix offenses pouvant être commises au cours du chant des saints noms du Seigneur, celle qui consiste à commettre sciemment des actes coupables fort de croire que le chant du *mahā-mantra* en effacera les conséquences porte le nom de *nāmno balād yasya hi pāpa-buddhiḥ*. Ainsi, certains chrétiens vont à l'église confesser leurs péchés et, moyennant quelque pénitence, pensent obtenir l'absolution de leurs fautes. Mais dès la semaine suivante ils reprennent leurs activités coupables en attendant le pardon du week-end prochain.

Dans ces versets du *Śrīmad-Bhāgavatam,* le roi Parīkṣit, le roi le plus intelligent de son époque, condamne une telle expiation. Śukadeva Gosvāmī, doué lui aussi d'une intelligence remarquable et digne d'être le maître spirituel de Mahārāja Parīkṣit, répondit au roi en confirmant le bien-fondé de ses dires, car un acte coupable ne peut être neutralisé par un acte vertueux. Le véritable rachat de nos fautes (*prāyaścitta*) s'effectue en ravivant notre conscience de Kṛṣṇa, maintenant assoupie. La véritable expiation implique de parvenir à la connaissance parfaite, et pour cela il existe une méthode établie. Lorsque l'on suit les bonnes règles d'hygiène, on ne tombe pas malade. De même, l'être humain doit être formé selon certains principes de vie afin de raviver sa connaissance originelle. Mener une vie ainsi réglée constitue ce qu'on appelle l'austérité (*tapasya*). On peut graduellement s'élever au niveau du savoir véritable – de la conscience de Kṛṣṇa – par la pratique de l'austérité et de la continence (*brahmacarya*), par la maîtrise du mental et des sens, par le don de ses biens en charité, en évitant avec soin toute duplicité, en restant propre, et par la pratique des *yoga-āsanas*. Toutefois, celui qui aura l'heureuse fortune de bénéficier de la compagnie d'un pur dévot, d'un maître spirituel authentique, et sous sa direction d'observer les principes régulateurs de la conscience de Kṛṣṇa – s'abstenir de tout rapport sexuel illicite, ne pas manger de viande, ne faire usage d'aucune substance enivrante et rejeter tout jeu de hasard – tout en s'engageant dans le service du Seigneur Suprême, pourra facilement atteindre le même but sans devoir se soumettre à toutes les pratiques yogiques visant à maîtriser le mental. C'est cette méthode fort simple que recommande Śrīla Rūpa Gosvāmī.

Il s'agit tout d'abord de maîtriser nos paroles. Chacun possède le pouvoir de parler, dont il se hâte d'user dès que se présente l'occasion. Que nos dires ne se rapportent pas à la conscience de Kṛṣṇa et mille sottises sortiront alors de notre bouche. Le crapaud des champs s'exprime en coassant ; de même, tout homme qui a une langue veut parler, fût-ce pour dire des inepties. Mais par ses cris, le crapaud ne fait que convier le serpent : « S'il te plaît, viens me manger. » Bien qu'il appelle ainsi sa propre mort, rien ne peut l'empêcher de poursuivre son tapage. Les paroles des matérialistes et des philosophes impersonnalistes sont semblables aux coassements de ces crapauds. Ils profèrent sans cesse des inepties et invitent donc la mort à les emporter. Maîtriser nos paroles, cependant, ne signifie pas s'imposer le silence (*mauna*), comme le croient les philosophes impersonnalistes. La pratique du silence peut apporter une aide temporaire, mais se traduira finalement par un échec. Pour réaliser la maîtrise de la parole telle que l'entend Śrīla Rūpa Gosvāmī, il faut plutôt adopter la voie positive de la *kṛṣṇa-kathā*. Cette voie consiste à utiliser nos paroles pour la glorification du Seigneur Suprême, Śrī Kṛṣṇa, et à se servir de notre langue pour glorifier Son nom, Ses traits personnels, Ses qualités et Ses divertissements. Le prédicateur des gloires de Kṛṣṇa se situe toujours hors d'atteinte des serres de la mort. Voilà ce que signifie résister aux tentations de la parole.

La fébrilité, ou inconstance du mental (*mano-vega*) peut être dominée lorsque nous fixons notre esprit sur les pieds pareils-au-lotus de Kṛṣṇa. Le *Caitanya-caritāmṛta* (*Madhya* 22.31) enseigne à cet effet :

> *kṛṣṇa – sūrya-sama ; māyā haya andhakāra*
> *yāhāṅ kṛṣṇa, tāhāṅ nāhi māyāra adhikāra*

« Kṛṣṇa est pareil au soleil, et *māyā* aux ténèbres. Là où brille le soleil, il ne saurait y avoir d'obscurité. De même, dès que l'on adopte la conscience de Kṛṣṇa, les ténèbres de l'illusion [l'influence de l'énergie externe] se dissipent aussitôt. » La technique de yoga qui vise à nier toute pensée matérielle ne s'avère ici d'aucune aide ; le vide créé dans le mental ne peut être qu'artificiel et ne tardera pas à se combler. Cependant, si l'on absorbe toujours ses pensées en Kṛṣṇa, méditant sur le moyen de mieux Le servir, tout naturellement le mental sera maîtrisé.

La colère (*krodha*) peut aussi être contrôlée. Impossible d'en faire simplement abstraction ; mais, si nous nous élevons contre ceux qui blasphèment le Seigneur ou Ses dévots, cette colère sera maîtrisée dans la conscience de Kṛṣṇa. Śrī Caitanya Mahāprabhu Se mit en colère contre les deux frères mécréants Jagāi et Mādhāi après qu'ils eurent blasphémé et blessé Śrī Nityānanda Prabhu. Certes, le Seigneur Caitanya écrit dans Son *Śikṣāṣṭaka, tṛṇād api sunīcena taror api sahiṣṇunā* : « On devrait être plus humble que l'herbe et plus tolérant que l'arbre. » Pourquoi donc, alors, une telle colère de la part du Seigneur ? Le principe est le suivant : un dévot authentique doit être prêt à tolérer toutes les insultes lorsqu'elles sont dirigées vers sa propre personne, mais il s'enflammera de colère et agira aussitôt contre quiconque offense Kṛṣṇa ou Son pur dévot. Il est impossible d'enrayer la colère, mais elle peut être appliquée à bon escient. Hanumān était animé d'une grande colère lorsqu'il livra aux flammes la ville de Śrī Laṅkā, pourtant il demeure célébré comme le plus fervent dévot du Seigneur Rāmacandra ; c'est qu'il fit un juste usage de la colère. De même, Arjuna est un second exemple. Il n'avait aucun désir de combattre, mais Śrī Kṛṣṇa l'incita à la colère : « Tu dois combattre ! » Nul ne peut combattre sans colère. Mais il faut, pour la maîtriser, l'utiliser au service du Seigneur.

Quant aux pulsions de la langue, nous savons tous par expérience que nous aspirons à goûter des mets savoureux. En règle générale, nous ne devrions pas laisser la langue se satisfaire à sa fantaisie, mais bien la discipliner, en lui donnant de la nourriture sanctifiée (*prasāda*). Ainsi, un *bhakta* ne mange que lorsque Kṛṣṇa le pourvoit en *prasāda*. Voilà comment maîtriser les pulsions de la langue. On devrait en outre honorer le *prasāda* à des heures régulières, et ne pas fréquenter les restaurants ou les confiseries seulement pour satisfaire les caprices de la langue et de l'estomac. Si nous adhérons à ce principe et n'acceptons que de la nourriture consacrée, les pulsions de la langue et de l'estomac s'en trouveront maîtrisées.

De même, les pulsions sexuelles sont maîtrisables à condition de ne pas faire un usage inutile des organes génitaux. Ces derniers devraient servir à engendrer des enfants conscients de Kṛṣṇa, et à nul autre usage. Le Mouvement pour la Conscience de Kṛṣṇa ne favorise pas le mariage en vue de satisfaire les organes génitaux, mais bien pour que viennent au monde des enfants conscients de Kṛṣṇa. Dès qu'ils ont un peu grandi, on les envoie à nos écoles védiques (*gurukulas*) où ils reçoivent l'éducation nécessaire pour devenir des dévots parfaitement conscients de Kṛṣṇa. La société requiert un grand nombre d'hommes formés de cette manière. Ainsi, celui qui est en mesure d'engendrer une descendance de *bhaktas* pourra-t-il avantageusement user de ses organes de reproduction.

Or, quiconque possède une parfaite maîtrise des différentes pratiques de la conscience de Kṛṣṇa peut se qualifier pour devenir un maître spirituel authentique.

Dans son commentaire sur l'*Upadeśāmṛta* (l'*Anuvṛtti*), Śrīla Bhaktisiddhānta Sarasvatī Ṭhākura nous explique que l'identification à la matière éveille en l'être trois sortes de pulsions : celles de la parole, celles du mental et celles du corps. Qu'il y succombe, et sa vie prendra aussitôt un caractère défavorable. Celui qui résiste à ces pulsions est appelé *tapasvī*, signifiant par là qu'il pratique l'austérité. Grâce à cette austérité, il pourra cesser d'être victime de l'énergie matérielle, l'énergie externe du Seigneur Suprême.

Lorsque nous parlons de tentations de la parole, nous

nous référons aux vains propos, comme en profèrent les philosophes impersonnalistes (*māyāvādīs*) et ceux absorbés dans l'action intéressée (*karma-kāṇḍa*), ou encore les matérialistes dont le seul désir est le plaisir sans restriction aucune. Leurs dires et leurs écrits sont l'expression concrète de ce que nous entendons par tentations de la parole. Nombreuses les sottises proférées par l'homme et nombreux les ouvrages inutiles ; or il s'agit là d'efforts portant tous à satisfaire les sollicitations de la parole.

Pour vaincre ces tendances, il nous faut faire de Kṛṣṇa l'objet de nos paroles. On lit dans le *Śrīmad-Bhāgavatam* (1.5.10) :

> *na yad vacaś citra-padaṁ harer yaśo*
> *jagat-pavitraṁ pragṛṇīta karhicit*
> *tad vāyasaṁ tīrtham uśanti mānasā*
> *na yatra haṁsā niramanty uśik-kṣayāḥ*

« Les mots qui point ne dépeignent les gloires du Seigneur, lesquelles suffisent à rendre pure l'atmosphère des trois mondes, ne valent guère plus, pour les saints hommes, qu'un lieu de pèlerinage pour les corbeaux. Les êtres parfaitement accomplis, parce qu'ils habitent le monde spirituel, n'y trouvent aucun plaisir. »

> *tad-vāg-visargo janatāgha-viplavo*
> *yasmin prati-ślokam abaddhavaty api*
> *nāmāny anantasya yaśo 'ṅkitāni yat*
> *śṛṇvanti gāyanti gṛṇanti sādhavaḥ*

« D'autre part, les ouvrages où l'on trouve abondamment décrites les gloires absolues du nom, de la renommée, de la forme et des divertissements du Seigneur Suprême, sont d'inspiration purement spirituelle, et les mots sublimes qui en remplissent les pages ont vocation de révolutionner les habitudes impies des cultures égarées de ce monde. Même si la lettre de ces Écrits comporte des irrégularités, ils demeurent écoutés, chantés et accueillis par tous les hommes purs qu'anime une profonde intégrité.» (*Śrīmad-Bhāgavatam*, 1.5.11)

En conclusion, nous ne pourrons éviter les vains et ineptes propos à moins de parler du service de dévotion offert au Seigneur Suprême. Ainsi devrions-nous toujours nous efforcer d'utiliser la parole dans le seul but de devenir conscient de Kṛṣṇa.

Pour ce qui est des sollicitations du mental vacillant, elles se divisent en deux groupes. Le premier consiste en attachements non maîtrisés (*avirodha-prīti*) et le second en accès de colère nés de frustrations (*virodha-yukta-krodha*). L'adhésion à la philosophie impersonnaliste (*māyāvāda*), la foi en les fruits de l'action intéressée des *karma-vādīs* et la foi en la réussite de divers projets échafaudés sur des désirs matériels, voilà autant de manifestations de l'attachement non maîtrisé (*avirodha-prīti*). Les *jñānīs*, les *karmīs* et les «échafaudeurs de projets matériels» attirent généralement sur eux l'attention des âmes conditionnées, mais lorsque ces matérialistes ne peuvent réaliser leurs projets et que leurs stratagèmes aboutissent à l'échec, ils se mettent alors en colère. En fait, la frustration des désirs matériels engendre aussitôt la colère.

Les exigences du corps, quant à elles, peuvent se diviser en trois groupes : les exigences de la langue, de l'estomac et des organes génitaux. On remarquera que ces trois sources de désir se situent physiquement sur une même ligne dans le corps, commençant avec la langue. Si nous pouvons donc restreindre les exigences de la langue en ne lui laissant savourer que de la nourriture sanctifiée (*prasāda*), les exigences de l'estomac et des organes génitaux seront également maîtrisées. Śrīla Bhaktivinoda Ṭhākura dit à cet effet :

śarīra avidyā-jāla, jaḍendriya tāhe kāla,
jīve phele viṣaya-sāgare
tā'ra madhye jihvā ati, lobhamaya sudurmati,
tā'ke jetā kaṭhina saṁsāre

kṛṣṇa baḍa dayāmaya, karibāre jihvā jaya,
sva-prasāda-anna dila bhāi
sei annāmṛta khāo, rādhā-kṛṣṇa-guṇa gāo,
preme ḍāka caitanya-nitāi

« Le corps matériel n'est qu'ignorance, ô Seigneur, et les sens forment un réseau de sentiers qui mènent à la mort. Pour une raison ou une autre, nous sommes tombés dans l'océan du plaisir des sens ; or, de tous les organes des sens, la langue est la plus vorace et la plus difficile à maîtriser. Mais Tu fais montre d'une grande bonté envers nous, ô Kṛṣṇa, car Tu nous donnes, pour en devenir maître, cette délicieuse nourriture consacrée. Prenons donc ce *prasāda* à notre entière satisfaction, rendons gloire à Leurs Grâces Śrī Śrī Rādhā et Kṛṣṇa, et invoquons avec amour l'aide de Śrī Caitanya et de Prabhu Nityānanda. »

Il existe six sortes de saveurs (*rasas*), et il suffira que l'une d'entre elles agite l'être pour qu'il devienne aussitôt soumis aux pulsions de la langue. Certains sont attirés par la viande, le poisson, les crustacés, les œufs et autres produits issus de la semence et du sang, et consommés pour la plupart sous forme de cadavres. D'autres se sentent plutôt enclins à savourer des légumes, plantes comestibles, épinards ou produits laitiers, mais toujours pour la satisfaction de la langue. L'homme conscient de Kṛṣṇa doit éviter toute habitude alimentaire centrée sur le seul plaisir des sens, ce qui comprend l'usage de grandes quantités de piment rouge et de tamarin. Il doit aussi complètement rejeter le *haritakī* (myrobolan), la noix de bétel, le pan et diverses épices utilisées dans sa préparation, ainsi que le LSD, la marijuana, l'opium, le tabac, l'alcool, le café et le thé, tous destinés à satisfaire les désirs des sens. Si nous prenons l'habitude de n'accepter que les reliefs de la nourriture offerte à Kṛṣṇa, nous pourrons nous libérer de l'emprise de *māyā*. Les légumes, céréales, fruits et produits laitiers, de même que l'eau, sont propres à l'offrande au Seigneur; c'est ce que Śrī Kṛṣṇa Lui-même enseigne dans la *Bhagavad-gītā*. Toutefois, n'accepter la nourriture sanctifiée que pour sa saveur – ce qui souvent conduit à en consommer trop – consiste également à devenir victime des exigences de la langue. Śrī Caitanya Mahāprabhu nous a recommandé d'éviter les mets hautement savoureux, s'agirait-il même de *prasāda*. *Bhāla nā khāibe āra bhāla nā paribe*: « Ne portez pas de vêtements somptueux et tenez-vous à l'écart des aliments délicieux.» (*Caitanya-caritāmṛta, Antya* 6.236) On devient également prisonnier des exigences de la langue si l'on offre aux *mūrtis* des mets succulents avec l'intention de s'en régaler par la suite. Il en est de même si l'on accepte l'invitation d'un homme riche dans l'idée de se voir offrir une nourriture savoureuse. Le *Caitanya-caritāmṛta* (*Antya* 6.227) enseigne:

jihvāra lālase yei iti-uti dhāya
śiśnodara-parāyaṇa kṛṣṇa nāhi pāya

« L'homme esclave de sa langue et sans cesse affairé à satis-faire les moindres désirs de ses organes génitaux et de son estomac ne peut atteindre Kṛṣṇa. »

La langue, l'estomac et les organes génitaux se trouvent, nous l'avons vu, sur une même ligne dans le corps, et sont étroitement liés.

Ceux qui souffrent de maladies de l'estomac n'ont certes pas pu en maîtriser les demandes, selon notre analyse précédente. Dès que nous désirons manger plus que néces-saire, nous créons naturellement toute une suite de désagré-ments. Si, au contraire, nous observons les jours de jeûne tels que l'*ekādaśī* et la Janmāṣṭamī, nous maîtriserons les exigences de l'estomac.

Quant aux pulsions des organes génitaux, elles se divisent en deux ordres : celles qui sont acceptables et celles qui ne le sont pas, soit les rapports sexuels licites et illicites. L'homme, s'il est réfléchi, peut se marier selon les règles établies par les Écritures révélées et utiliser ses organes reproducteurs pour engendrer de bons enfants. Voilà ce qu'on entend par acte sexuel licite, en accord avec les principes de la religion. Mais autrement, il s'efforcera, par toutes sortes de moyens, de satisfaire les exigences de ses organes génitaux, parfois sans retenue aucune. Si l'être se livre à des activités sexuelles illicites, soit par la pensée, ou en en faisant le projet ou l'objet de conversation, en accomplissant l'acte lui-même ou en stimulant les organes génitaux par des moyens artificiels, le voilà aussitôt sous l'emprise de l'illusion (*māyā*). Ces enseignements tels que les définissent les Écritures révélées, ne sont pas destinés aux seuls chefs de famille (*gṛhasthas*), mais aussi aux *tyāgīs*, ceux qui ont embrassé l'ordre du renoncement. À cet égard, Śrī Jagadānanda Paṇḍita écrit dans le septième chapitre de son livre *Prema-vivarta* :

> *vairāgī bhāi grāmya-kathā nā śunibe kāne*
> *grāmya-vārtā nā kahibe yabe milibe āne*

> *svapane o nā kara bhāi strī-sambhāṣaṇa*
> *gṛhe strī chāḍiyā bhāi āsiyācha vana*

> *yadi cāha praṇaya rākhite gaurāṅgera sane*
> *choṭa haridāsera kathā thāke yena mane*

> *bhāla nā khāibe āra bhāla nā paribe*
> *hṛdayete rādhā-kṛṣṇa sarvadā sevibe*

« Ô mon frère, tu as pris l'ordre du renoncement, et ne dois donc prêter l'oreille à nul propos matériel, ni débattre de choses temporelles avec les autres. Ne pense pas aux femmes ne serait-ce qu'en rêve, car tu as embrassé l'ordre du renoncement et prononcé le vœu qui t'interdit tout rapport avec elles. Aspirant à vivre en compagnie de Caitanya Mahāprabhu, tu dois toujours te souvenir de l'incident de Choṭa Haridāsa et de la manière dont le Seigneur le bannit de Sa présence. Ne te nourris pas de mets savoureux ni ne te couvre de vêtements élégants ; mais reste toujours humble et sers Leurs Grâces Śrī Śrī Rādhā et Kṛṣṇa du plus profond de ton cœur. »

En conclusion, celui qui peut maîtriser ces six facteurs – la parole, le mental, la colère, la langue, l'estomac et les organes génitaux – mérite le nom de *svāmī*, ou *gosvāmī*.

Svāmī signifie maître, et *go-svāmī* maître des sens. Celui qui reçoit l'ordre du renoncement (*sannyāsa*) se voit dès lors attribué le titre de *svāmī*. Ce n'est pas pour signifier qu'il est le maître de sa famille, de sa communauté ou de sa nation, mais bien de ses propres sens. Nul ne devrait être appelé *gosvāmī* s'il n'a maîtrisé ses sens. Suivant les traces des six Gosvāmīs de Vṛndāvana, tout *svāmī* ou *gosvāmī* devrait pleinement s'absorber dans le service d'amour sublime et transcendantal du Seigneur. Mais ceux qui sont esclaves de leurs sens, les *go-dāsas,* servent l'illusion ou la nature matérielle ; c'est là leur seule occupation. Prahlāda Mahārāja décrit encore le *go-dāsa* comme *adānta-go,* mot signifiant celui dont les sens ne sont pas maîtrisés. Un *adānta-go* ne peut devenir un serviteur de Kṛṣṇa. Les paroles exactes de Prahlāda Mahārāja, telles que les rapporte le *Śrīmad-Bhāgavatam,* sont les suivantes :

> *matir na kṛṣṇe parataḥ svato vā*
> *mitho 'bhipadyeta gṛha-vratānām*
> *adānta-gobhir viśatāṁ tamisraṁ*
> *punaḥ punaś carvita-carvaṇānām*

« Ceux qui ont décidé de poursuivre leur séjour dans l'univers matériel afin d'offrir davantage de plaisirs à leurs sens n'ont aucune chance de devenir conscients de Kṛṣṇa, que ce soit par leurs propres efforts, par les enseignements reçus d'autrui ou par une combinaison des deux. Leurs sens les entraînent, emballés, vers les plus profondes ténèbres de l'ignorance, où ils s'évertuent frénétiquement à "mâcher du déjà mâché". » (*Śrīmad-Bhāgavatam,* 7.5.30)

Deuxième verset

अत्याहारः प्रयासश्च प्रजल्पो नियमा ग्रहः ।
जनसङ्गश्च लौल्यं च षड्भिर्भक्तिर्विनश्यति ॥ २ ॥

atyāhāraḥ prayāsaś ca
prajalpo niyamāgrahaḥ
jana-saṅgaś ca laulyaṁ ca
ṣaḍbhir bhaktir vinaśyati

ati-āhāraḥ: trop manger ou amasser; *prayāsaḥ*: faire de trop grands efforts; *ca*: et; *prajalpaḥ*: prononcer de vaines paroles; *niyama*: principes régulateurs; *āgrahaḥ*: s'attacher outre mesure (ou *agrahaḥ*: négliger outre mesure); *jana-saṅgaḥ*: fréquenter des personnes mondaines; *ca*: et; *laulyam*: soif ardente ou avidité; *ca*: et; *ṣaḍbhiḥ*: par ces six; *bhaktiḥ*: le service de dévotion; *vinaśyati*: est détruit.

Celui qui s'attache outre mesure aux six formes d'occupations suivantes verra s'altérer son service de dévotion : 1) Consommer plus de nourriture ou entasser plus de richesses que nécessaire ; 2) faire de trop grands efforts pour obtenir des bienfaits matériels difficilement accessibles ; 3) discuter vainement de propos mondains ; 4) suivre les principes des Écritures par pur amour des règles plutôt qu'en vue de favoriser le progrès spirituel, ou

encore en négliger les règles pour agir de manière indépendante ou capricieuse ; 5) fréquenter des personnes à l'esprit mondain qui ne montrent pas d'intérêt pour la conscience de Kṛṣṇa ; 6) nourrir une soif ardente pour des réalisations d'ordre matériel.

La forme humaine est conçue pour mener une existence simple vouée à de hautes pensées. Par ailleurs, étant donné que tous les êtres vivants conditionnés sont sous l'emprise de la troisième énergie du Seigneur, le monde matériel est conçu de telle sorte que chacun est obligé de travailler. Dieu, la Personne Suprême, possède trois énergies, ou puissances principales : l'énergie interne (*antaraṅga-śakti*) est la première, l'énergie marginale (*taṭastha-śakti*) est la seconde et l'énergie externe (*bahiraṅga-śakti*) est la troisième. Les êtres vivants constituent l'énergie marginale et se trouvent donc situés entre les énergies interne et externe du Seigneur. Les *jīvātmās,* les âmes infimes, atomiques, serviteurs éternels du Seigneur Suprême et toujours subordonnés à Lui, se situent sous l'emprise soit de Son énergie interne, soit de Son énergie externe. Lorsque ces êtres se placent sous l'influence de l'énergie interne, ils agissent en accord avec leur nature originelle, et s'absorbent sans fin, avec dévotion, dans le service du Seigneur. Ce que corrobore la *Bhagavad-gītā* :

> *mahātmānas tu māṁ pārtha*
> *daivīṁ prakṛtim āśritāḥ*
> *bhajanty ananya-manaso*
> *jñātvā bhūtādim avyayam*

« Mais les *mahātmās,* les grandes âmes qui jamais ne s'égarent, ô fils de Pṛthā, sont sous la protection de la nature divine. Sachant que Je suis Dieu, la Personne Suprême, originelle et inexhaustible, ils s'absorbent pleinement dans le service de dévotion. » (*Bhagavad-gītā*, 9.13)

Le mot *mahātmā* désigne un être à l'esprit large, par opposition aux esprits boiteux ou étroits, dont le souci constant est de satisfaire leurs sens. Ces derniers élargissent parfois leur champ d'activité et adhèrent alors à quelque doctrine en « isme » – le nationalisme, l'humanitarisme, l'altruisme – en vue de faire le bien autour d'eux. Ils peuvent ainsi renoncer à leur satisfaction propre pour celle d'autres êtres, tels que les membres de leur famille et de leur nation, voire d'une société entière, ou même de l'humanité, mais ce ne sont là, en dernière analyse, qu'autant de formes différentes de plaisir des sens, à titre personnel, communautaire ou social. D'un point de vue matériel, toutes ces activités peuvent sembler très favorables, mais elles sont dépourvues de valeur spirituelle. Toutes, en effet, reposent sur le plaisir des sens, qu'il soit personnel ou collectif. Seul peut être appelé *mahātmā,* ou esprit large, celui qui comble les sens du Seigneur Suprême.

Dans le verset de la *Bhagavad-gītā* cité plus haut, les mots *daivīṁ prakṛtim* désignent l'influence de l'énergie interne, ou puissance de félicité du Seigneur Suprême, laquelle se manifeste en la Personne de Śrīmatī Rādhārāṇī, ou Lakṣmī, la déesse de la fortune, qui est son émanation. Sous l'influence de cette énergie interne, l'âme distincte (*jīva*), contribue uniquement à la satisfaction du Seigneur, Viṣṇu, ou Śrī Kṛṣṇa. Et telle est la position du *mahātmā.* Ceux qui ne possèdent pas cette ouverture d'esprit, on les nomme pauvres d'esprit (*durātmās*) ; ces personnes à l'esprit étroit sont placées sous l'influence de l'énergie externe du Seigneur, de Sa *mahāmāyā*.

En vérité, toutes les âmes vivant au sein de l'univers matériel sont sous l'emprise de la *mahāmāyā,* dont le rôle est de les assujettir aux trois sources de souffrances : 1) les souffrances causées par les *devas (adhidaivika-kleśas)* comme les sécheresses, tremblements de terre, ouragans ; 2) les souffrances causées par d'autres êtres vivants (*adhibhautika-kleśas*) comme les ennemis, les insectes, etc. ; 3) les souffrances venant du corps et du mental (*adhyātmika-kleśas*) comme les infirmités, les troubles fonctionnels ou mentaux. *Daiva-bhūtātma-hetavaḥ* : l'âme conditionnée, sujette à ces trois formes de souffrance sous l'emprise de l'énergie externe, connaît maints déboires en ce monde.

La répétition de la naissance, de la maladie, de la vieillesse et de la mort est le problème principal auquel se heurte l'âme conditionnée. Mais il lui faut aussi, pendant son séjour en ce monde, satisfaire les besoins du corps. Comment y parvenir, et de manière à favoriser sa pratique de la conscience de Kṛṣṇa ? Pour subsister, l'homme a besoin de céréales, de vêtements, d'argent, etc., mais il ne lui faut pas amasser plus que l'essentiel. Celui qui observe ce principe naturel n'éprouvera aucun mal à répondre aux besoins du corps.

De par les lois naturelles, les êtres qui appartiennent aux espèces inférieures dans l'échelle de l'évolution ne mangent ni n'amassent plus que nécessaire. Ainsi ne trouve-t-on généralement pas de carence dans le règne animal ; pour eux, le problème économique ne se pose pas. Si on laisse un sac de riz sur la voie publique, les oiseaux viendront en manger quelques grains et repartiront ensuite. Un être humain au contraire, emportera le sac tout entier. Il mangera autant de riz que possible et essaiera de garder le reste en réserve. Les Écritures condamnent le fait d'amasser plus que l'essentiel (*atyāhāra*). C'est parce qu'il a manqué à cette règle que le monde d'aujourd'hui connaît la souffrance.

De plus, le désir d'amasser et de manger plus que nécessaire engendre un vain labeur (*prayāsa*). Dieu a fait en sorte que tout homme puisse vivre paisiblement, en toute région du monde, pourvu qu'il ait à sa disposition une parcelle de terrain et une vache laitière. Il ne lui est nullement nécessaire de se déplacer pour assurer sa subsistance, puisque, là où il se trouve, la terre et la vache peuvent lui fournir les aliments dont il a besoin. Telle est la solution à tous les problèmes économiques. L'être humain se voit béni d'une intelligence supérieure pour qu'il puisse développer sa conscience de Kṛṣṇa, c'est-à-dire sa compréhension de Dieu, renouer son lien avec Lui, et ainsi atteindre le but ultime de l'existence : le pur amour de Dieu. Hélas, l'homme soi-disant civilisé, négligeant la réalisation spirituelle, se sert de son intelligence à seule fin d'entasser des biens superflus et ne mange que pour satisfaire sa langue. Selon le plan divin, l'homme a suffisamment d'opportunités pour produire lait et céréales en quantité suffisante pour nourrir la terre entière ; mais plutôt que d'utiliser son intelligence supérieure en vue de développer sa conscience de Dieu, il en mésuse et l'emploie à créer l'inutile, l'indésirable, comme des usines, des abattoirs, des maisons de prostitution et des débits de boissons alcoolisées. Lorsque l'on conseille à nos contemporains de ne pas entasser trop de biens, de ne pas manger trop ou de ne pas s'engager en un vain labeur pour un confort artificiel, ils pensent qu'on leur demande de régresser au stade de vie des primitifs. C'est qu'en règle générale, les hommes ne chérissent guère l'idée d'une vie simple vouée à de hautes pensées. Telle est leur infortune.

La forme humaine a pour but la réalisation de Dieu ; voilà pourquoi l'homme est doté d'une intelligence supérieure. Ceux qui l'ont compris et veulent atteindre un niveau de conscience supérieure devraient suivre les enseignements des Écritures védiques. Car celui qui applique ces enseignements sous la direction d'une autorité en la matière peut gagner de s'établir dans le parfait savoir, donnant ainsi un sens réel à sa vie.

Dans le *Śrīmad-Bhāgavatam*, Śrī Sūta Gosvāmī définit de la façon suivante la religion (*dharma*) de l'homme :

> *dharmasya hy āpavargyasya*
> *nārtho 'rthāyopakalpate*
> *nārthasya dharmaikāntasya*
> *kāmo lābhāya hi smṛtaḥ*

«Toute occupation de l'homme doit avoir pour but ultime la libération, aucune ne doit être accomplie en vue de quelque bienfait matériel. D'autre part, celui qui emprunte la voie de l'occupation ultime, du service suprême, ne doit jamais utiliser pour la satisfaction de ses sens, les bienfaits matériels qui s'offrent à lui. Voilà ce qu'affirment les grands sages.» (*Śrīmad-Bhāgavatam*, 1.2.9)

Le premier pas vers une civilisation humaine consiste pour chacun à accomplir son devoir en conformité avec les prescriptions des Écritures. L'intelligence supérieure de l'être humain devrait être formée pour lui permettre de saisir la nature essentielle de l'occupation, ou religion suprême (*dharma*). Il existe, dans les sociétés humaines, divers concepts définissant la religion, et qui empruntent les noms d'hindouisme, de christianisme, de judaïsme, d'islam, de bouddhisme, etc. C'est ce sentiment religieux qui distingue l'homme du monde animal.

Comme l'enseigne le verset cité plus haut (*dharmasya hy āpavargyasya nārtho 'rthāyopakalpate*), le but de la religion est de permettre à l'être humain d'atteindre l'émancipation spirituelle, et non d'obtenir son pain de chaque jour. Il arrive qu'une société crée un système religieux visant à favoriser le progrès matériel, mais le but du véritable *dharma* est tout autre. La vraie religion, ou *dharma,* permet de comprendre les lois de Dieu, parce que lorsque l'on s'y conforme, on peut se libérer des chaînes de l'existence matérielle. Voilà le vrai but de la religion. Malheureusement, avide de prospérité matérielle (*atyāhāra*), les hommes pratiquent le plus souvent la religion dans un but intéressé. Pourtant, la religion véritable demande aux hommes que tout en se consacrant à la conscience de Kṛṣṇa, ils se satisfassent du minimum vital.

Certes, le développement économique est une nécessité, mais la véritable religion ne reconnaît son utilité que dans la mesure où il comble les besoins essentiels de l'existence matérielle. Voilà ce qu'enseigne la vraie religion. *Jīvasya tattva-jijñāsā* : la vie a pour but premier de s'enquérir de la Vérité Absolue. Et si ce n'est pas à la poursuite de ce but que nous engageons nos efforts (*prayāsa*), ce sera pour satisfaire toujours davantage nos besoins artificiels. Or, quiconque aspire à la réalisation spirituelle doit éviter une telle orientation de ses efforts.

Un autre obstacle à la vie spirituelle réside dans les vains propos (*prajalpa*). Nous rencontrons des amis et aussitôt affluent les mots inutiles, semblables aux coassements des crapauds. Si nous devons émettre des paroles, que ce soit pour parler du Mouvement pour la Conscience de Kṛṣṇa. En dehors de la conscience de Kṛṣṇa, on aime à lire des piles de journaux, revues et romans, à faire des mots croisés ou autres inepties du même genre. Ainsi perdons-nous un temps précieux. En Occident, les séniors, les retraités, jouent aux cartes, vont à la pêche, regardent la télévision et discutent politique. Les activités de ce genre sont appelées *prajalpa,* de vains propos. Jamais les personnes intelligentes, intéressées par la conscience de Kṛṣṇa, ne devraient prendre part à de telles activités.

Par les mots *jana-saṅga,* on désigne la fréquentation d'hommes qui ne montrent pas d'intérêt pour la conscience de Kṛṣṇa; c'est une compagnie que tous devraient soigneusement éviter. Śrīla Narottama Dāsa Ṭhākura nous recommande de ne vivre qu'en compagnie de dévots, de personnes conscientes de Kṛṣṇa (*bhakta-sane vāsa*). Chacun devrait être toujours engagé au service du Seigneur en compagnie de *bhaktas.* Il est un principe général que celui qui désire se spécialiser en telle ou telle profession trouve tout avantage à se lier avec des personnes engagées dans cette voie. Suivant ce principe, les matérialistes organisent des clubs et associations pour accroître leur chance de succès. Dans le monde des affaires, par exemple, on trouve la Bourse, la Chambre de commerce, etc. Quant à nous, nous avons choisi de fonder le Mouvement pour la Conscience de Kṛṣṇa afin de permettre à chacun de se joindre à ceux qui n'ont pas oublié Kṛṣṇa. Ce mouvement spirituel international prend une ampleur croissante, et nombreux sont ceux qui, dans toutes les parties du monde, joignent cette association afin d'éveiller en eux leur conscience de Kṛṣṇa à présent assoupie.

Śrīla Bhaktisiddhānta Sarasvatī Ṭhākura écrit dans son commentaire (*Anuvṛtti*) que les efforts démesurés des arides théoriciens et des philosophes spéculatifs pour acquérir le savoir relèvent de l'accumulation excessive des biens (*atyāhāra*). Le *Śrīmad-Bhāgavatam* ajoute que leurs efforts à écrire tant d'ouvrages – qui ne traitent en fait que de philosophie sèche dénuée de toute conscience de Kṛṣṇa – s'avèrent parfaitement vains. De même, les efforts des personnes mondaines (*karmīs*) pour publier des masses d'ouvrages destinés à favoriser le développement économique relèvent de l'accumulation excessive (*atyāhāra*). Tombent aussi sous cette catégorie les efforts de ceux qui, en l'absence de tout désir de devenir conscients de Kṛṣṇa, s'acharnent à accroître leurs possessions matérielles, qu'il s'agisse de gains financiers ou de savoir scientifique.

Si les matérialistes peinent tant afin d'accumuler toujours plus de richesses pour leurs descendants, c'est uniquement parce qu'ils ignorent tout de leur condition future. Les exemples abondent. Celui, entre autres, d'un parfait matérialiste qui avait amassé une grande fortune pour ses héritiers. Or il dut, selon son karma, reprendre naissance dans la famille d'un cordonnier non loin de la maison qu'il avait fait construire pour ses enfants dans sa vie précédente. Notre cordonnier se présenta un jour à son domicile d'antan et ses propres fils le frappèrent alors avec leurs chaussures. À moins de s'intéresser à la conscience de Kṛṣṇa, ces mondains (*karmīs* et *jñānīs*) continueront simplement à gâcher leur existence en vains efforts.

Accepter certaines règles des Écritures révélées (*śāstras*) afin d'en retirer un bénéfice immédiat, comme le prônent les utilitaristes, s'appelle *niyama-āgraha*. Et négliger les préceptes scripturaires, qui visent à nous faire progresser sur la voie spirituelle, s'appelle *niyama-agraha*. Le mot *āgraha* signifie « ardent désir d'accepter », et *agraha* « refus d'accepter ». En ajoutant l'un ou l'autre de ces mots à *niyama*, signifiant règles ou principes régulateurs, on obtient le terme *niyamāgraha*. Ce dernier peut donc, selon le contexte, prendre deux sens différents. Ceux qui s'intéressent à la conscience de Kṛṣṇa ne devraient pas s'empresser d'accepter les prescriptions des Écritures pour accroître leurs biens matériels, mais devraient au contraire accepter fidèlement les principes régulateurs permettant de progresser sur la voie de la conscience de Kṛṣṇa, et les observer avec la plus parfaite rigueur. Ces premières règles consistent à s'abstenir de toute activité sexuelle illicite, ne pas consommer de chair animale, rejeter tout jeu de hasard et ne faire usage d'aucun excitant ou substance enivrante.

Il est également recommandé d'éviter la compagnie des *māyāvādīs* qui blasphèment constamment les *vaiṣṇavas*, des *bhukti-kāmīs* qui ne s'intéressent qu'aux plaisirs matériels, des *mukti-kāmīs* qui cherchent la libération en essayant de se fondre dans l'existence du Brahman, l'aspect sans forme de l'Absolu, et enfin, des *siddhi-kāmīs* qui désirent goûter les fruits obtenus par la pratique parfaite du yoga visant au développement des pouvoirs surnaturels. La compagnie de telles personnes (*atyāhārīs*) est certainement indésirable.

Le désir de développer sa force mentale en pratiquant le yoga des pouvoirs mystiques, le désir de se fondre dans l'existence du Brahman, le désir d'obtenir la prospérité matérielle toujours aléatoire, tout cela relève de l'avidité (*laulya*). Tout effort pour obtenir de tels bienfaits – matériels ou soi-disant spirituels – représente un obstacle sur la voie de la conscience de Kṛṣṇa.

Les conflits opposant capitalistes et communistes proviennent de leur refus de suivre le conseil donné par Śrīla Rūpa Gosvāmī en ce qui concerne l'*atyāhāra*. Les capitalistes entassent plus de richesses que nécessaire, et les communistes, jaloux de leur prospérité, prônent la nationalisation de ces richesses et des biens. Malheureusement, les communistes ignorent comment régler la question du partage des richesses. Aussi, lorsque la fortune des capitalistes tombe entre leurs mains, ils demeurent incapables d'en faire un meilleur usage. Contrairement à ces deux philosophies, le système de pensée propre à la conscience de Kṛṣṇa proclame que toute richesse appartient à Kṛṣṇa. Ainsi, tant qu'on ne remettra pas tous les biens entre les mains de Kṛṣṇa, on ne trouvera pas de solution aux problèmes économiques de l'humanité.

Ce n'est pas en enrichissant les capitalistes ou les communistes qu'on accomplira quoi que ce soit. L'homme qui trouve dans la rue un billet de banque et l'empoche n'est pas honnête. Celui qui décide de laisser le billet où il est, considérant qu'il ne doit pas prendre ce qui ne lui appartient pas, bien qu'il ne fasse pas de l'argent sa propriété, manque cependant d'accomplir le geste correct. Mais un troisième ramassera le billet, en trouvera le propriétaire et le lui rendra. Cet homme ne s'empare pas du billet pour lui-même, ni ne le laisse traîner dans la rue négligemment ; il prend simplement le billet pour le rendre à son propriétaire. De celui-là, on dira qu'il est sage et honnête.

Il a été démontré que lorsqu'un communiste prend possession de quelque argent, il l'utilise à ses propres fins, pour la satisfaction de ses sens. Et voilà justement la raison pour laquelle on ne saurait résoudre les problèmes politiques actuels en faisant passer les richesses des mains des capitalistes aux mains des communistes. Les richesses du monde appartiennent en fait à Kṛṣṇa, et chaque être, homme ou bête, a le droit légitime d'utiliser les biens du Seigneur pour assurer sa subsistance. Mais s'il s'approprie plus que ne l'exigent ses besoins vitaux, il devient un voleur – peu importe qu'il soit capitaliste ou communiste – et il est susceptible d'être puni par les lois de la nature (karma).

Les richesses du monde devraient être utilisées pour le bien de tous les êtres vivants, car ainsi le veut Mère Nature. Tout le monde a le droit de vivre en utilisant les richesses du Seigneur, et dès que les hommes connaîtront l'art et la science de les utiliser, ils cesseront de s'usurper les uns les autres. Alors on pourra parler de société idéale. Le principe à la base d'une telle société spirituelle se trouve énoncé dans le premier mantra de la *Śrī Īśopaniṣad* :

īśāvāsyam idaṁ sarvaṁ
yat kiñca jagatyāṁ jagat
tena tyaktena bhuñjīthā
mā gṛdhaḥ kasya svid dhanam

« De tout ce qui existe en cet univers, de l'animé comme de l'inanimé, le Seigneur est maître et possesseur. Chacun doit donc prendre uniquement la part qui lui est assignée, sachant bien à qui tout appartient. »

Les *bhaktas,* les dévots conscients de Kṛṣṇa, savent bien que l'univers matériel a été conçu par le Seigneur de manière à répondre parfaitement aux moindres besoins de tous les êtres vivants, et sans que quiconque n'ait à empiéter sur les droits ou la vie d'autrui. Cet ordre parfait assure à chacun la part de richesse nécessaire pour combler ses besoins réels, de sorte que tous puissent vivre paisiblement selon le principe d'une vie simple vouée à de hautes pensées. Les matérialistes, cependant, parce qu'ils n'ont aucune foi dans le plan divin ni aucun désir de développer une conscience spirituelle supérieure, font un mauvais usage de leur intelligence – don de Dieu – en ne cherchant qu'à accroître leurs possessions matérielles. Les nombreux systèmes qu'ils inventent tels que le capitalisme et le communisme matérialiste, ont tous pour but de rendre meilleure leur condition matérielle. Ils ne prêtent aucun intérêt aux lois de Dieu et n'ont aucune aspiration supérieure. Parce qu'ils brûlent sans cesse de satisfaire leurs innombrables désirs matériels, ils brillent par leur adresse à exploiter tous ceux qu'ils côtoient.

Lorsque l'homme abandonnera ces défauts fondamentaux (*atyāhāra,* etc.) que décrit Śrīla Rūpa Gosvāmī dans ce second verset, alors cessera toute inimitié entre les hommes et les animaux, les communistes et les capitalistes, et ainsi de suite. De plus, les problèmes liés à l'instabilité et aux déséquilibres économiques ou politiques disparaîtront. Cette conscience pure s'éveille par l'éducation spirituelle et la pratique appropriée qu'offre de façon scientifique le Mouvement pour la Conscience de Kṛṣṇa. La communauté spirituelle que propose ce mouvement peut amener la paix dans le monde. Tout être intelligent devrait donc prendre pleinement refuge auprès de ce Mouvement pour la Conscience de Kṛṣṇa afin de purifier sa conscience et s'affranchir des six obstacles mentionnés dans ce verset.

Troisième verset

उत्साहान्निश्चयाद्धैर्यात्तत्तत्कर्मप्रवर्तनात् ।
सङ्गत्यागात्सतो वृत्तेः षड्भिर्भक्तिः प्रसिध्यति ॥ ३ ॥

utsāhān niścayād dhairyāt
tat-tat-karma-pravartanāt
saṅga-tyāgāt sato vṛtteḥ
ṣaḍbhir bhaktiḥ prasidhyati

utsāhāt : l'enthousiasme ; *niścayāt* : la confiance ; *dhairyāt* : la patience ; *tat-tat-karma* : les pratiques favorables à l'accomplissement du service de dévotion ; *pravartanāt* : en accomplissant ; *saṅga-tyāgāt* : le renoncement à la compagnie des non-dévots (*abhaktas*) ; *sataḥ* : des grands maîtres spirituels précédents (*ācāryas*) ; *vṛtteḥ* : le fait de marcher sur les traces ; *ṣaḍbhiḥ* : par ces six ; *bhaktiḥ* : le service de dévotion ; *prasidhyati* : progresse, ou atteint le succès.

Six principes sont favorables à l'accomplissement du service de dévotion pur : 1) l'enthousiasme ; 2) la confiance ; 3) la patience ; 4) l'adhésion aux principes régulateurs, [comme l'écoute, le chant et le souvenir des gloires de

Kṛṣṇa – śravaṇam kīrtanam viṣṇoḥ smaraṇam]; 5) le rejet de la compagnie de ceux qui sont dénués de dévotion; 6) marcher sur les traces des grands maîtres spirituels précédents [les ācāryas]. Ces six principes assurent sans nul doute la réussite totale dans l'exercice du pur service dévotionnel.

Le service de dévotion n'a rien d'une élucubration sentimentale ou d'une extase fantaisiste car il relève par essence d'actions tangibles. Śrīla Rūpa Gosvāmī, dans son *Bhakti-rasāmṛta-sindhu,* définit le service dévotionnel de la manière suivante :

> *anyābhilāṣitā-śūnyaṁ*
> *jñāna-karmādy-anāvṛtam*
> *ānukūlyena kṛṣṇānu-*
> *śīlanaṁ bhaktir uttamā*

«On doit servir favorablement le Seigneur Suprême, Śrī Kṛṣṇa, sans en espérer une récompense matérielle (karma), en s'abstenant de toute spéculation mentale impersonnelle (*jñāna*) et libre de toute autre motivation et de désirs égoïstes. Telle est la dévotion pure (*uttamā bhakti*).» (*Bhakti-rasāmṛta-sindhu*, 1.1.11)

La dévotion (*bhakti*) se cultive. Or, quel que soit ce qu'on cultive, il est nécessaire d'agir. La culture spirituelle, ce n'est pas rester assis, vainement, à méditer, comme l'enseignent de pseudo-yogīs. La méditation oisive peut apporter une aide à ceux qui ignorent tout du service de dévotion, et c'est pourquoi il arrive qu'on la recommande pour contenir l'activité matérielle, source d'égarement. Par méditation, il faut entendre la cessation, au moins momentanée, de toutes activités frivoles. Le service de dévotion, par ailleurs, met non seulement un terme aux activités matérielles frivoles, mais nous engage en des actes dévotionnels constructifs. Dans le *Śrīmad-Bhāgavatam* (7.5.23), Śrī Prahlāda Mahārāja recommande la pratique des neuf activités dévotionnelles suivantes :

śravaṇaṁ kīrtanaṁ viṣṇoḥ
smaraṇaṁ pāda-sevanam
arcanaṁ vandanaṁ dāsyaṁ
sakhyam ātma-nivedanam

1. *śravaṇa* : écouter les noms et les gloires du Seigneur ;
2. *kīrtana* : glorifier le Seigneur par le chant ;
3. *smaraṇa* : se souvenir du Seigneur ;
4. *pāda-sevana* : servir les pieds de lotus du Seigneur ;
5. *arcanā* : adorer le Seigneur dans Sa forme spirituelle ;
6. *vandana* : offrir des prières au Seigneur ;
7. *dāsya* : servir le Seigneur ;
8. *sakhya* : se lier d'amitié avec le Seigneur ;
9. *ātma-nivedana* : s'abandonner totalement au Seigneur.

Le premier pas pour acquérir le savoir transcendantal consiste à écouter. C'est pourquoi nous ne devons pas prêter l'oreille aux dires de gens qui ne font pas autorité en la matière, mais devons plutôt approcher une personne qualifiée, comme le recommande la *Bhagavad-gītā* :

tad viddhi praṇipātena
paripraśnena sevayā
upadekṣyanti te jñānaṁ
jñāninas tattva-darśinaḥ

«Cherche à connaître la vérité en approchant un maître spirituel. Enquiers-toi d'elle auprès de lui avec soumission, tout en le servant. L'âme réalisée peut te révéler le savoir, car elle a vu la vérité.» (*Bhagavad-gītā*, 4.34)

La *Muṇḍaka Upaniṣad* enseigne également, *tad-vijñānār-thaṁ sa gurum evābhigacchet*: «Il nous faut approcher un maître spirituel authentique afin de saisir la portée de la science spirituelle.» Par conséquent, pour recevoir le savoir transcendantal confidentiel, la spéculation mentale ne nous est d'aucun recours.

À ce propos, Caitanya Mahāprabhu dit à Śrīla Rūpa Gosvāmī :

brahmāṇḍa bhramite kona bhāgyavān jīva
guru-kṛṣṇa-prasāde pāya bhakti-latā-bīja

«Selon leur karma, tous les êtres vivants errent dans l'univers entier. Le plus fortuné d'entre les millions d'êtres errant en ce monde pourra rencontrer, par la grâce de Kṛṣṇa, un maître spirituel authentique. Par la miséricorde de Śrī Kṛṣṇa et du maître spirituel, il recevra alors la semence du service de dévotion (*bhakti-latā*).» (*Caitanya-caritāmṛta, Madhya* 19.151)

L'univers matériel représente un lieu d'incarcération pour l'être distinct naturellement porté à la recherche du plaisir (*ānandamaya*). À vrai dire, chacun voudrait sortir de la prison que représente cet univers où le bonheur est provisoire, mais ignorant la méthode pour se libérer, on est contraint de transmigrer d'une espèce vivante à une autre, d'une planète à une autre. Ainsi les êtres condition-nés errent-ils partout dans l'univers matériel. Mais si l'un d'entre eux a l'immense fortune de rencontrer un pur dévot et l'écoute patiemment, il se trouve alors engagé sur le chemin du service de dévotion. Une telle occasion s'offre toujours à une âme sincère. Et le Mouvement International pour la Conscience de Kṛṣṇa offre cette chance à toute l'humanité. Si, par bonheur, on sait tirer parti de cette occasion en s'engageant dans le service de dévotion, le chemin de la libération s'ouvre aussitôt.

Il faut saisir avec enthousiasme l'occasion qui nous est offerte de retourner à Dieu, en notre demeure originelle. Sans enthousiasme, nul ne peut connaître le succès. Ce principe s'applique partout, même dans le champ des activités matérielles. L'étudiant, l'homme d'affaires, l'artiste ou quiconque désire réussir dans la voie qu'il s'est tracé doit faire preuve d'enthousiasme. Il en est de même pour celui qui s'engage dans le service de dévotion. Or, l'enthousiasme entraîne l'action. «Mais pour qui agir?» À cette question le *Bhakti-rasāmṛta-sindhu* (*Le Nectar de la dévotion*) répond «uniquement pour Kṛṣṇa» (*kṛṣṇārthākhila-ceṣṭā*).

Pour atteindre la perfection du *bhakti-yoga,* l'homme doit pratiquer le service de dévotion à tous les stades de son existence, sous la direction d'un maître spirituel. Il ne doit pas pour autant limiter son champ d'action. En effet, Kṛṣṇa est omniprésent, si bien que rien n'est indépendant de Lui. Kṛṣṇa Lui-même enseigne dans la *Bhagavad-gītā*:

> *mayā tatam idaṁ sarvaṁ*
> *jagad avyakta-mūrtinā*
> *mat-sthāni sarva-bhūtāni*
> *na cāhaṁ teṣv avasthitaḥ*

«Cet univers, Je le pénètre tout entier dans Ma forme non manifestée. Tous les êtres sont en Moi, mais Je ne suis pas en eux.» (*Bhagavad-gītā*, 9.4)

L'homme doit, sous la conduite d'un maître spirituel authentique, faire un usage favorable de toutes choses au service de Kṛṣṇa. En ce moment, par exemple, nous composons ces lignes à l'aide d'un dictaphone. Le matérialiste qui a inventé cet appareil le destinait aux hommes d'affaires et aux écrivains profanes ; il n'a certainement jamais pensé que son invention puisse être mise au service de Dieu. Néanmoins, nous l'utilisons pour composer des ouvrages sur la conscience de Kṛṣṇa. Bien entendu, la fabrication du dictaphone est entièrement dépendante de l'énergie de Kṛṣṇa. Chaque pièce, chaque circuit électronique provient de diverses combinaisons et de l'interaction des cinq énergies matérielles fondamentales : *bhūmi, jala, agni, vāyu* et *ākāśa*. L'inventeur a dû, en outre, faire appel à son cerveau pour créer cet appareil compliqué, et ce cerveau, de même que les divers éléments de l'appareil, procèdent de Kṛṣṇa. Lui-même le confirme lorsqu'Il dit, *mat-sthāni sarva-bhūtāni* : « Tout dépend de Mon énergie. » (*Bhagavad-gītā*, 9.4) Ainsi, puisque rien n'existe hors de l'énergie de Kṛṣṇa, le dévot peut saisir que toute chose doit être utilisée à Son service.

L'enthousiasme (*utsāha*), c'est agir avec intelligence dans la conscience de Kṛṣṇa. Ainsi, le dévot cherche-t-il les moyens appropriés par lesquels il mettra toute chose au service du Seigneur (*nirbandhaḥ kṛṣṇa-sambandhe yuktaṁ vairāgyam ucyate*). Le service de dévotion, répétons-le, ne relève pas de la méditation oisive, mais plutôt de l'action tangible exécutée dans le cadre d'une vie spirituelle.

Ces actions doivent également s'accompagner de patience. Il ne faut pas faire preuve d'impatience dans la conscience de Kṛṣṇa. Nous avons par exemple lancé le Mouvement pour la Conscience de Kṛṣṇa seul, sans aide extérieure, et au début sans rencontrer aucun succès. Mais parce que nous avons patiemment persévéré dans nos pratiques dévotionnelles, le public a pris conscience peu à peu de l'importance de ce mouvement et participe maintenant avec ferveur. Nul ne doit donc se montrer impatient dans l'accomplissement du service de dévotion. Il faut au contraire accepter les instructions du maître spirituel et les appliquer avec persévérance, en dépendant tout entier de la miséricorde du maître spirituel et de Kṛṣṇa. La réussite dans la conscience de Kṛṣṇa requiert de la patience et de la confiance. Une jeune mariée aspire naturellement à avoir des enfants avec son époux, mais elle ne peut espérer les voir naître juste après leur mariage. Elle doit pour cela s'en remettre à son époux, et laisser passer avec confiance le temps nécessaire pour que l'enfant se développe et naisse au moment voulu. Cette confiance totale est l'essence même de l'abandon au Seigneur dans le service de dévotion. Sans aucun doute, Kṛṣṇa me protégera (*avaśya rakṣibe kṛṣṇa*) pense le dévot et Il m'aidera à accomplir parfaitement mon service de dévotion. Voilà ce qu'on appelle la confiance.

Comme nous l'avons déjà expliqué, il ne faut pas être oisif, mais au contraire très enthousiaste lorsqu'on suit les principes régulateurs – *tat-tat-karma-pravartana*. Négliger ces principes anéantira le service de dévotion. Ce Mouvement pour la Conscience de Kṛṣṇa demande à ses membres d'observer quatre principes régulateurs de base, interdisant toute activité sexuelle illicite, la consommation de chair animale, l'usage d'excitants ou de substances enivrantes et les jeux de hasard. Le dévot doit manifester un vif enthousiasme à suivre ces principes. S'il se relâche ne serait-ce que sur un seul, son progrès s'en trouvera freiné à coup sûr. Aussi Śrīla Rūpa Gosvāmī recommande-t-il d'observer de façon rigoureuse les principes régulateurs de la *vaidhī bhakti* (*tat-tat-karma-pravartanāt*). Outre ces quatre interdictions (*yama*), il existe divers principes régulateurs positifs (*niyama*), comme égrener seize fois chaque jour son chapelet (*japa-mālā*) en faisant vibrer sur chaque perle le mantra Hare Kṛṣṇa. Ces règles doivent être observées fidèlement et avec enthousiasme. Voilà les divers engagements (*tat-tat-karma-pravartana*) au sein du service de dévotion.

Un autre facteur de réussite dans la pratique du service de dévotion est le rejet de toute compagnie indésirable, comme celle des personnes mondaines qui s'adonnent aux actes intéressés, à la spéculation mentale ou au yoga des pouvoirs mystiques, ainsi que celle des personnes dénuées de dévotion (*karmīs, jñānīs, yogīs* et *abhaktas*). Un jour, un chef de famille dévot de Śrī Caitanya Mahāprabhu vint s'enquérir auprès de Lui des principes fondamentaux du vaishnavisme ainsi que du comportement habituel des *vaiṣṇavas*. Aussitôt, Śrī Caitanya Mahāprabhu répondit: «La marque du *vaiṣṇava,* c'est qu'il abandonne la compagnie des personnes mondaines et des non-dévots.» (*asat-saṅga-tyāga, – ei vaiṣṇava-ācāra*). Voilà pourquoi Śrīla Narottama Dāsa Ṭhākura recommande qu'il faut vivre en la compagnie de purs dévots (*tāṅdera caraṇa sevi bhakta-sane vāsa*) et observer les principes régulateurs prescrits par les maîtres précédents comme les six Gosvāmīs de Vṛndāvana: Śrī Rūpa Gosvāmī, Śrī Sanātana Gosvāmī, Śrī Jīva Gosvāmī, Śrī Raghunātha Dāsa Gosvāmī, Śrī Gopāla Bhaṭṭa Gosvāmī et Śrī Raghunātha Bhaṭṭa Gosvāmī. Celui qui vit en la compagnie de dévots n'a que peu d'occasions de fréquenter des personnes dénuées de dévotion (*abhaktas*). Le Mouvement International pour la Conscience de

Kṛṣṇa ouvre ainsi de nombreux centres, offrant à chacun la possibilité de vivre en la compagnie de dévots et de mettre en pratique les principes régulateurs de la vie spirituelle.

Par service de dévotion, il faut entendre une suite d'activités spirituelles et absolues. La plate-forme transcendantale n'est jamais contaminée par les trois modes de la nature matérielle (*guṇas*) car elle est un état de pure vertu (*viśuddha-sattva*), libre de l'influence de la Passion et de l'Ignorance. Le Mouvement pour la Conscience de Kṛṣṇa demande à chacun de se lever tôt le matin, dès quatre heures, pour assister au *maṅgala-ārati,* au culte matinal, puis à la lecture du *Śrīmad-Bhāgavatam,* au *kīrtana,* et ainsi de suite, de manière à être absorbé en des activités dévotionnelles vingt-quatre heures par jour. Voilà ce qu'on appelle *sato vṛtti,* ou le fait de marcher sur les traces des maîtres spirituels précédents, qui sont habiles à profiter de chaque instant pour agir dans la conscience de Kṛṣṇa.

Si nous suivons à la lettre les conseils donnés dans ce verset par Śrīla Rūpa Gosvāmī – être enthousiaste, confiant et patient, rejeter toute compagnie indésirable, observer les principes régulateurs et demeurer en la compagnie des dévots – nous sommes assurés de progresser dans le service de dévotion. Śrīla Bhaktisiddhānta Sarasvatī Ṭhākura fait remarquer à ce sujet que le savoir relevant de la spéculation philosophique, l'accumulation de richesse mondaine provenant de l'action intéressée et le désir d'obtenir les pouvoirs yogīques (*yoga-siddhis*), sont des perfections d'ordre matériel s'opposant aux principes du service de dévotion. Nous devons absolument devenir indifférents vis-à-vis de ces activités temporaires, et plutôt nous tourner vers les principes régulateurs du service de dévotion. La *Bhagavad-gītā* enseigne à ce propos:

yā niśā sarva-bhūtānāṁ
tasyāṁ jāgarti saṁyamī
yasyāṁ jāgrati bhūtāni
sā niśā paśyato muneḥ

« Ce qui est la nuit pour tous les êtres est le temps de l'éveil pour l'homme maître de soi. Et ce qui pour tous est le temps de l'éveil, est la nuit pour le sage introspectif. (*Bhagavad-gītā*, 2.69)

La pratique du service de dévotion offert au Seigneur est la vie et l'âme des êtres vivants. Cette pratique est le but ultime et la perfection suprême de la vie humaine. Nous devons être convaincus de l'exactitude de ces vérités, et du fait que tout acte accompli hors du service de dévotion – comme la spéculation mentale, l'action intéressée ou la quête mystique – ne conférera jamais de bienfaits durables. Placer une foi totale en la voie du service de dévotion revient à se qualifier pour atteindre le but. Toute autre voie n'engendrera qu'agitation. Dans le dixième Chant du *Śrīmad-Bhāgavatam* (10.2.32) on trouve le verset suivant : « Il faut être fermement convaincu que celui qui rejette le service de dévotion pour s'engager dans de dures austérités à d'autres fins que de plaire au Seigneur, n'est pas purifié mentalement du fait qu'il ignore le service d'amour transcendantal offert au Seigneur. »

Puis, toujours dans le *Śrīmad-Bhāgavatam* (10.2.32) : « En dépit de leurs ascèses sévères et de leurs pénitences, les penseurs spéculatifs et les auteurs d'actes intéressés, parce qu'ils n'ont aucune considération pour les pieds pareils-au-lotus du Seigneur, sont assurés de choir. » Ce qui n'arrive jamais aux dévots du Seigneur. Dans la *Bhagavad-gītā*, le Seigneur Suprême confirme Lui-même à Arjuna, *kaunteya pratijānīhi na me bhaktaḥ praṇaśyati*: «Tu peux le proclamer avec force, ô fils de Kuntī, jamais Mon dévot ne périra!» (*Bhagavad-gītā*, 9.31)

Et, dans un autre passage:

> *nehābhikrama-nāśo 'sti*
> *pratyavāyo na vidyate*
> *svalpam apy asya dharmasya*
> *trāyate mahato bhayāt*

«Aucun effort dans cette voie n'entraîne la moindre perte, et tout progrès, si modeste soit-il, prévient du plus redoutable danger.» (*Bhagavad-gītā*, 2.40)

Le service de dévotion est si pur et complet que quiconque en entame la pratique se voit entraîné jusqu'à la réussite finale. Il se peut, par exemple, qu'une personne abandonne passagèrement ses occupations matérielles ordinaires pour prendre refuge aux pieds pareils-au-lotus du Seigneur Suprême, et qu'elle accomplisse ainsi les pratiques préliminaires du service de dévotion. Or, même si une telle personne non encore parvenue à maturité, s'écarte de la voie, elle n'aura rien perdu. Par contre, que gagnera celui qui s'acquitte des devoirs prescrits selon son *varṇa* et son *āśrama* s'il n'adopte pas en même temps le service de dévotion? Un dévot déchu peut très bien renaître dans une famille de basse condition, mais il reprendra toujours sa pratique du service de dévotion là où il l'a laissée. On décrit le service de dévotion comme *ahaituky apratihatā*: il ne tire son origine d'aucune cause mondaine, et aucun motif mondain ne peut en interrompre la pratique ni même y mettre un terme définitif. Le dévot doit donc s'engager avec confiance et se désintéresser des activités des *karmīs*, *jñānīs* et *yogīs*. Ces derniers possèdent certes de nombreuses qualités, mais le dévot les voit se développer en lui d'elles-mêmes, sans qu'il ait pour cela à fournir d'effort spécifique. Ainsi le confirme le *Śrīmad-Bhāgavatam* (5.18.12) : «Toutes les qualités des *devas* se manifestent progressivement chez celui qui a atteint le service de dévotion pur.» Un dévot ne porte aucun intérêt aux activités matérielles, si bien qu'il n'est jamais souillé par la matière. Il se situe d'emblée au niveau spirituel. Au contraire, tout être qui s'engage dans des activités mondaines – qu'il soit un *jñānī*, un *yogī*, un *karmī*, un philanthrope, un nationaliste ou autre – ne peut atteindre le stade supérieur de *mahātmā*. Il demeure un *durātmā*, un esprit boiteux. Comme l'enseigne la *Bhagavad-gītā* :

mahātmānas tu māṁ pārtha
daivīṁ prakṛtim āśritāḥ
bhajanty ananya-manaso
jñātvā bhūtādim avyayam

«Mais les *mahātmās*, les grandes âmes qui jamais ne s'égarent, ô fils de Pṛthā, sont sous la protection de la nature divine. Sachant que Je suis Dieu, la Personne Suprême originelle et inexhaustible, ils s'absorbent pleinement dans le service de dévotion.» (*Bhagavad-gītā*, 9.13)

Puisque tous les dévots du Seigneur se situent sous la protection de Sa puissance suprême, ils ne devraient pas s'écarter de la voie dévotionnelle pour emprunter celles des *karmīs*, des *jñānīs* ou des *yogīs*. Tel est le sens de l'expression *utsāhān niścayād dhairyāt tat-tat-karma-pravartanāt*: s'appliquer avec enthousiasme, patience et confiance à observer les pratiques régulatrices du service de dévotion. C'est ainsi que l'on peut progresser sans entrave sur la voie du service de dévotion.

Quatrième verset

ददाति प्रतिगृह्णाति गुह्यमाख्याति पृच्छति ।
भुङ्क्ते भोजयते चैव षड्विधं प्रीतिलक्षणम् ॥ ४ ॥

dadāti pratigṛhṇāti
guhyam ākhyāti pṛcchati
bhuṅkte bhojayate caiva
ṣaḍ-vidhaṁ prīti-lakṣaṇam

dadāti: faire des dons; *pratigṛhṇāti*: en accepter en retour; *guhyam*: sujets confidentiels; *ākhyāti*: exposer; *pṛcchati*: s'enquérir; *bhuṅkte*: manger; *bhojayate*: nourrir; *ca*: aussi; *eva*: certes; *ṣaṭ-vidham*: les six sortes; *prīti*: d'amour; *lakṣaṇam*: gestes.

Offrir des cadeaux et accepter des cadeaux, révéler ses pensées en toute confiance et poser des questions, accepter et donner du prasāda, voilà les signes marquant l'affection que partagent entre eux les dévots du Seigneur.

Dans ce verset, Śrīla Rūpa Gosvāmī explique comment établir des relations dévotionnelles avec d'autres dévots. Les échanges affectueux marquant ces rapports sont au nombre de six: 1) faire des dons ou offrir des présents aux dévots; 2) accepter toute offrande qu'ils pourraient nous faire en retour; 3) dévoiler notre pensée; 4) s'enquérir sur le service confidentiel du Seigneur ; 5) honorer la nourriture consacrée (*prasāda*) que nous offrent les dévots ; 6) offrir du *prasāda* aux dévots.

Par exemple, le dévot expérimenté explique et le néophyte apprend en l'écoutant. C'est ce qu'expriment les mots *guhyam ākhyāti pṛcchati*. Et lorsqu'un dévot distribue les reliefs de la nourriture offerte à Dieu, la Personne Suprême – le *prasāda* –, il nous faut accepter cette nourriture comme la grâce du Seigneur reçue par l'intermédiaire de Son pur *bhakta*, si nous voulons garder vivant notre esprit dévotionnel. Il est également recommandé d'inviter chez soi de purs *bhaktas*, de leur offrir du *prasāda* et d'être disposé à les satisfaire à tous égards. C'est ce qu'expriment les mots *bhuṅkte bhojayate caiva*.

Même dans une relation amicale à caractère purement social on retrouve ces six formes d'échanges chaleureux. Quand, par exemple, un homme d'affaires désire en rencontrer un autre, il fait préparer un repas somptueux dans un bon restaurant, y convie son collègue et, au cours du repas, lui fait ouvertement part de ses intentions. Enfin, il s'informe auprès de lui des moyens à mettre en œuvre pour réaliser ses objectifs ; parfois même, ils échangent des présents. Ainsi, voyons-nous ces six formes d'échanges dans toute relation amicale intime (*prīti*).

Śrīla Rūpa Gosvāmī explique dans le verset précédent qu'il faut renoncer à la compagnie des personnes mondaines et rechercher celle des dévots (*saṅga-tyāgāt sato vṛtteḥ*). Le Mouvement pour la Conscience de Kṛṣṇa a précisément été fondé dans cet esprit, en vue de faciliter l'échange de ces six gestes d'affection entre dévots. Ce mouvement, nous l'avons créé sans aide extérieure, mais parce que le public lui a fait un accueil favorable et a accepté le système de gestes amicaux qu'il propose, il se déploie maintenant à travers le monde entier. Nous sommes heureux de voir tant de personnes contribuer généreusement au développement des activités de l'association et accepter avec enthousiasme les livres et les revues axés entièrement sur la conscience de Kṛṣṇa que nous leur offrons humblement en retour. Il arrive aussi que nous tenions de grandes festivités en l'honneur de Kṛṣṇa, au cours desquelles nous convions nos membres bienfaiteurs et nos sympathisants à honorer le *prasāda*. La plupart de nos membres viennent de couches supérieures de la société, ce qui ne les empêche en rien d'accepter notre invitation et d'honorer le *prasāda* que nous leur offrons, aussi modeste soit-il. Parfois encore, ces amis s'enquièrent en confidence des voies profondes du service de dévotion, et nous nous efforçons alors de les éclairer. Ainsi, ce mouvement se développe-t-il avec succès de par le monde entier, entraînant l'élite pensante de tous les pays à apprécier toujours davantage nos activités dans la conscience de Kṛṣṇa.

Le Mouvement pour la Conscience de Kṛṣṇa est alimenté par l'affection qu'échangent ses membres à travers ces six gestes amicaux. Et comme ces simples échanges peuvent donner à quiconque les adopte de raviver pleinement en lui sa conscience de Kṛṣṇa latente, chacun devrait avoir l'occasion de profiter de la compagnie des dévots de la Conscience de Kṛṣṇa. La *Bhagavad-gītā* (2.62) enseigne, *saṅgāt sañjāyate kāmaḥ* : les désirs et les ambitions de chacun se développent en fonction des personnes qu'il fréquente. Un dicton populaire énonce la même idée : « Dis-moi qui tu fréquentes et je te dirai qui tu es. » Ainsi, quiconque cherche à bénéficier de la compagnie des *bhaktas* éveillera sans aucun doute sa conscience de Kṛṣṇa assoupie. L'aptitude à la conscience de Kṛṣṇa est inhérente à chaque être, et est déjà développée dans une certaine mesure quand l'être reçoit un corps humain. Le *Caitanya-caritāmṛta* enseigne à ce propos :

nitya-siddha kṛṣṇa-prema 'sādhya' kabhu naya
śravaṇādi-śuddha-citte karaye udaya

« Le pur amour pour Kṛṣṇa existe de toute éternité dans le cœur des êtres vivants et n'a besoin d'être puisé à aucune source extérieure. Lorsque le cœur se purifie par le chant et l'écoute des gloires du Seigneur, cet amour s'éveille tout naturellement. » (*Caitanya-caritāmṛta, Madhya* 22.107)

Puisque la conscience de Kṛṣṇa est inhérente à chacun, tous devraient avoir l'opportunité d'en entendre parler. Car il suffit de chanter et d'écouter ce qui a trait à Kṛṣṇa (*śravaṇaṁ kīrtanam*) pour que le cœur soit directement purifié et que la conscience originelle de l'être, la conscience de Kṛṣṇa, s'éveille aussitôt en lui. La conscience de Kṛṣṇa n'est pas imposée aux êtres vivants de façon artificielle, car elle existe déjà en leur cœur. Et dès que l'on entonne le chant des saints noms du Seigneur Suprême, le cœur se purifie de toute souillure matérielle, révélant cette conscience latente. Śrī Caitanya Mahāprabhu écrit dans le premier verset de son *Śrī Śikṣāṣṭaka* :

ceto-darpaṇa-mārjanam bhava-mahā-dāvāgni-nirvāpaṇaṁ
śreyaḥ-kairava-candrikā-vitaraṇaṁ vidyā-vadhū-jīvanam
ānandāmbudhi-vardhanaṁ pratipadaṁ pūrṇāmṛtāsvādanam
sarvātma-snapanaṁ paraṁ vijayate śrī-kṛṣṇa-saṅkīrtanam

« Gloire au *saṅkīrtana* de Śrī Kṛṣṇa. De nos cœurs, il balaie toutes choses impures accumulées au cours des âges et éteint le feu brûlant de l'existence conditionnée, avec ses naissances et morts sans fin. Le mouvement du *saṅkīrtana* répand sur tous les hommes la bénédiction la plus grande, diffusant ses rayons comme la bienveillante lune. Âme du savoir spirituel, il fait croître l'océan de félicité absolue, et nous donne de savourer pleinement le nectar dont nous languissons sans cesse. » (*Śikṣāṣṭaka* 1)

Non seulement le cœur de celui qui chante le *mahā-mantra* devient purifié, mais aussi le cœur de quiconque entend par bonheur ces vibrations toutes spirituelles Hare Kṛṣṇa, Hare Kṛṣṇa, Kṛṣṇa Kṛṣṇa, Hare Hare / Hare Rāma, Hare Rāma, Rāma Rāma, Hare Hare. Même les âmes incarnées dans des formes de vie inférieures – animaux, insectes, arbres et autres – se trouvent purifiées par l'écoute de ce son transcendantal et s'apprêtent ainsi à devenir pleinement conscientes de Kṛṣṇa. C'est ce qu'expliqua Ṭhākura Haridāsa à Caitanya Mahāprabhu lorsque ce dernier S'enquit auprès de lui de la manière dont les êtres appartenant aux espèces inférieures pouvaient être affranchis du joug de la matière : le chant des saints noms a une telle puissance que même dans les jungles les plus reculées, les arbres et les bêtes entendant ces vibrations spirituelles, progresseront sur la voie de la conscience de Kṛṣṇa. Śrī Caitanya Mahāprabhu en fit d'ailleurs Lui-même la démonstration lorsqu'Il traversa la forêt de Jhārikhaṇḍa en Inde. Au chant des saints noms, aussitôt tigres, serpents, cerfs et autres animaux oublièrent leur inimitié naturelle et se mirent à chanter et à danser en *saṅkīrtana*. Nous ne pouvons guère imiter les exploits de Śrī Caitanya Mahāprabhu, mais nous devons marcher sur Ses traces. Nous n'avons pas la puissance nécessaire pour charmer les animaux inférieurs tels que les tigres, serpents, chiens ou chats, et les faire danser, mais par le simple chant des saints noms du

Seigneur, nous pouvons néanmoins amener de nombreuses personnes, dans le monde entier, à devenir conscientes de Kṛṣṇa. Distribuer ainsi les saints noms, en faire don aux autres, voilà un merveilleux exemple de *dadāti* qui consiste à donner en charité. D'autre part, nous devons également adhérer au principe du *pratigṛhṇāti,* qui consiste à être bien disposé à recevoir en cadeau l'enseignement spirituel de la conscience de Kṛṣṇa. Finalement, en s'enquérant sur le Mouvement pour la Conscience de Kṛṣṇa avec un esprit ouvert, il sera possible de comprendre la nature véritable du monde matériel. Ainsi servira-t-on les principes énoncés par les mots *guhyam ākhyāti pṛcchati.*

Les adeptes du Mouvement pour la Conscience de Kṛṣṇa invitent en outre tous les bienfaiteurs et sympathisants à se joindre à eux chaque dimanche, jour où ils organisent dans leurs centres respectifs un festin amical. Nombreux ceux qui, intéressés par ce mouvement, viennent ainsi honorer le *prasāda* qui leur est offert et, lorsqu'ils en ont la possibilité, invitent à leur tour les membres de l'association dans leurs foyers pour leur offrir un *prasāda* de choix. Tous reçoivent ainsi les bienfaits de tels échanges.

Il faut parallèlement éviter la compagnie des soi-disant *yogīs, jñānīs, karmīs* et philanthropes, parce que leur fréquentation ne confère de bienfait à personne. Si l'on désire vraiment atteindre le but de la vie humaine, il faut rechercher la compagnie des dévots du Mouvement pour la Conscience de Kṛṣṇa, car ce mouvement est le seul qui enseigne l'art de développer l'amour de Dieu. La religion est le propre de l'homme; c'est elle qui le distingue de l'animal. On ne trouve en effet dans la société des bêtes, ni temple, ni église, ni mosquée, bref aucune pratique religieuse. Cependant, dans la société humaine au contraire – si opprimée soit-elle – partout dans le monde, on voit se pratiquer la religion sous une forme ou une autre. Même les peuplades aborigènes des jungles observent une forme de religion. Une religion est féconde si elle peut conférer l'amour de Dieu à qui la pratique. Ce que corrobore le premier Chant du *Śrīmad-Bhāgavatam* :

> *sa vai puṁsāṁ paro dharmo*
> *yato bhaktir adhokṣaje*
> *ahaituky apratihatā*
> *yayātmā suprasīdati*

«L'occupation suprême (*dharma*) pour l'homme est celle qui le conduit à servir le Seigneur Absolu avec amour et dévotion. Et quant à ce service de dévotion, il doit, pour combler l'âme, être accompli de façon ininterrompue et immotivée.» (*Śrīmad-Bhāgavatam*, 1.2.6)

Si les hommes désirent vraiment connaître la paix de l'esprit, la quiétude et l'harmonie universelle, entre eux et entre les nations, ils doivent suivre les principes de la Conscience de Kṛṣṇa. Ainsi développeront-ils leur amour latent pour Śrī Kṛṣṇa, Dieu, la Personne Suprême. Dès qu'ils adopteront cette voie, ils seront paisibles et sereins.

À cet égard, Śrīla Bhaktisiddhānta Sarasvatī Ṭhākura avertit tous les *bhaktas* voués à la propagation du Mouvement pour la Conscience de Kṛṣṇa de ne pas échanger de paroles avec les impersonnalistes *māyāvādīs,* qui sont résolus à s'opposer à tout mouvement théiste. Le monde fourmille de *māyāvādīs* et d'athées, et de nombreux partis politiques profitent de leurs philosophies athées pour promouvoir le matérialisme. Parfois les impersonnalistes et les athées portent volontiers main forte à un puissant parti dans le seul but de faire obstacle au Mouvement pour la Conscience de Kṛṣṇa. S'ils s'opposent ainsi à son déploiement, c'est parce ce mouvement permet à l'homme de cultiver sa conscience de Dieu. Telle est la manière d'agir des athées. On ne tire aucun bénéfice à donner du lait et des bananes à un serpent; il n'en sera jamais rassasié, sans compter que cette nourriture augmentera la force de son venin (*kevalaṁ viṣa-vardhanam*). De même, il ne faut jamais dévoiler ses pensées aux *māyāvādīs* et aux *karmīs,* qui sont pareils au serpent. De telles confidences ne seraient d'aucune aide. Il est préférable d'éviter totalement leur compagnie et de ne jamais s'enquérir auprès d'eux de quelque question un peu profonde, car d'eux ne peut venir aucun conseil utile. Gardons-nous également d'inviter *māyāvādīs* et incroyants ainsi que d'accepter leurs invitations, car d'aussi intimes rapports nous exposeraient à l'influence de leur conscience athée (*saṅgāt sañjāyate kāmaḥ*). Telle est donc la restriction qu'énonce indirectement ce verset: ne rien offrir ou accepter des *māyāvādīs* ou des athées. Śrī Caitanya Mahāprabhu nous met en garde, *viṣayīra anna khāile duṣṭa haya mana*: «Quiconque mange de la nourriture préparée par des matérialistes voit son mental se pervertir.» À moins d'être spirituellement fort élevé, on ne peut mettre à profit les contributions de chacun pour développer le Mouvement pour la Conscience de Kṛṣṇa. Aussi, par principe, mieux vaut ne rien accepter venant de *māyāvādīs* ou d'athées. En fait, Śrī Caitanya Mahāprabhu interdit même aux dévots tout contact avec les matérialistes ordinaires qui, avides de plaisirs matériels, ne cherchent qu'à satisfaire leurs sens.

En conclusion, nous devons toujours demeurer en la compagnie des dévots, observer les principes régulateurs du service de dévotion, suivre les traces des *ācāryas* et exécuter avec soumission les ordres du maître spirituel. C'est ainsi que nous nous établirons dans le service de dévotion et développerons notre conscience de Kṛṣṇa à présent assoupie. Le *bhakta* qui n'est plus néophyte, mais qui n'est pas encore un dévot très avancé, se situe donc au niveau intermédiaire du service de dévotion, et est censé manifester de l'amour pour Dieu, la Personne Suprême, se lier d'amitié avec d'autres dévots, montrer de la bienveillance envers les innocents et rejeter la compagnie des envieux et des mécréants. Or, dans ce verset, on trouve brièvement expliquée la manière d'échanger une relation d'amour avec le Seigneur Suprême et de créer des liens d'amitié avec les dévots. Notons entre autres qu'un dévot avancé doit, selon le principe du *dadāti,* consacrer au moins la moitié de ses revenus nets au service du Seigneur et de Ses dévots. Śrīla Rūpa Gosvāmī nous en donne l'exemple : après s'être retiré, il partagea ainsi les bénéfices d'une vie de travail en donnant la moitié de ses richesses pour le service de Kṛṣṇa, un quart pour les membres de sa famille et garda le reste en vue de parer à toute éventualité. Chaque *bhakta* devrait suivre cet exemple. Quelles que soient ses richesses, il devrait en utiliser la moitié au service de Śrī Kṛṣṇa et de Ses dévots ; ainsi répondra-t-il aux exigences du *dadāti.*

Dans le prochain verset, Śrīla Rūpa Gosvāmī nous fait connaître la manière de servir les *vaiṣṇavas* et de distinguer ceux avec lesquels on doit se lier d'amitié.

Cinquième verset

कृष्णेति यस्य गिरि तं मनसाद्रियेत
दीक्षास्ति चेत्प्रणतिभिश्च भजन्तमीशम् ।
शुश्रूषया भजनविज्ञमनन्यमन्य-
निन्दादिशून्यहृदमीप्सितसङ्गलब्ध्या ॥ ५ ॥

*kṛṣṇeti yasya giri taṁ manasādriyeta
dīkṣāsti cet praṇatibhiś ca bhajantam īśam
śuśrūṣayā bhajana-vijñam ananyam anya-
nindādi-śūnya-hṛdam īpsita-saṅga-labdhyā*

kṛṣṇa : le saint nom du Seigneur, Śrī Kṛṣṇa ; *iti :* ainsi ; *yasya :* dont ; *giri :* dans ses paroles ; *tam :* lui ; *manasā :* mentalement ; *ādriyeta :* l'on doit honorer ; *dīkṣā :* initiation ; *asti :* il y a ; *cet :* si ; *praṇatibhih :* en lui rendant son hommage ; *ca :* aussi ; *bhajantam :* engagé dans le service de dévotion ; *īśam :* à Dieu, la Personne Suprême ; *śuśrūṣayā :* par un service pratique ; *bhajana-vijñam :* celui qui est avancé dans le service de dévotion ; *ananyam :* sans écart ; *anya-nindā-ādi :* du blasphème d'autrui, etc. ; *śūnya :* complètement affranchi ; *hṛdam :* dont le cœur ; *īpsita :* désirable ; *saṅga :* compagnie ; *labdhyā :* en obtenant.

On doit honorer en pensée le dévot qui chante les saints noms du Seigneur, Śrī Kṛṣṇa. On doit offrir son humble

hommage au dévot qui a reçu l'initiation spirituelle et adore la mūrti et on doit rechercher la compagnie du pur dévot fermement établi dans la pratique du service de dévotion, au cœur parfaitement purifié de toute inclination à critiquer autrui, et le servir fidèlement.

Afin d'appliquer intelligemment les six échanges d'affection décrits précédemment dans le quatrième verset, il convient d'abord de choisir avec discernement les personnes avec lesquelles on les mettra en pratique. Aussi Śrīla Rūpa Gosvāmī nous conseille-t-il d'agir convenablement avec chaque dévot en tenant compte de la position respective de chacun. Il nous enseigne dans ce verset les rapports qu'on doit établir avec les trois sortes de dévots – le *kaniṣṭha-adhikārī*, le *madhyama-adhikārī* et l'*uttama-adhikārī*.

Le *kaniṣṭha-adhikārī* est le néophyte qui a reçu l'initiation *hari-nāma* du maître spirituel et qui s'efforce de chanter le saint nom de Kṛṣṇa. Il faut respecter par la pensée un tel dévot dit *kaniṣṭha-vaiṣṇava*. Le *madhyama-adhikārī* a reçu de son maître spirituel la seconde initiation et peut ainsi être pleinement engagé dans le service d'amour sublime offert au Seigneur. Il faut le voir comme étant situé au niveau intermédiaire du service de dévotion. Quant à l'*uttama-adhikārī*, il est le plus élevé des *vaiṣṇavas*. Jamais il ne dénigre autrui car son cœur est d'une pureté parfaite. Il a atteint le niveau de réalisation spirituelle où la conscience de Kṛṣṇa est sans mélange. Selon Śrīla Rūpa Gosvāmī, la compagnie d'un tel *mahā-bhāgavata*, ou parfait *vaiṣṇava*, est hautement désirable et il faut aspirer à le servir.

On ne devrait pas rester au stade de *kaniṣṭha-adhikārī*, le niveau le plus bas du service de dévotion, où l'on est intéressé seulement par l'adoration de la *mūrti* dans le temple.

Le onzième Chant du *Śrīmad-Bhāgavatam* décrit le *kaniṣṭha-vaiṣṇava* de la façon suivante :

> *arcāyām eva haraye*
> *pūjāṁ yaḥ śraddhayehate*
> *na tad-bhakteṣu cānyeṣu*
> *sa bhaktaḥ prākṛtaḥ smṛtaḥ*

« Celui qui avec foi s'engage dans l'adoration de la *mūrti* dans le temple, mais qui ignore comment se comporter envers les dévots et les gens en général, celui-là porte le nom de *prākṛta-bhakta,* ou *kaniṣṭha-adhikārī.* » (*Śrīmad-Bhāgavatam,* 11.2.47)

Il faut donc s'élever au niveau de *madhyama-adhikārī,* que définit également le *Śrīmad-Bhāgavatam* :

> *īśvare tad-adhīneṣu*
> *bāliśeṣu dviṣatsu ca*
> *prema-maitrī-kṛpopekṣā*
> *yaḥ karoti sa madhyamaḥ*

« Le *madhyama-adhikārī* est le *bhakta* qui adore Dieu, la Personne Suprême, faisant de Lui l'objet ultime de son amour. Ce dévot au niveau intermédiaire se lie d'amitié avec les dévots du Seigneur, montre de la compassion envers les innocents et évite ceux dont la nature est envieuse. » (*Śrīmad-Bhāgavatam,* 11.2.46)

Śrīla Rūpa Gosvāmī nous enseigne donc dans ce verset le comportement à adopter envers les différents dévots, nous indiquant ainsi la façon appropriée de cultiver le service de dévotion. L'expérience nous permet en effet de constater qu'il existe différentes sortes de dévots. Les *prākṛta-sahajiyās*, par exemple, chantent généralement le *mahā-mantra* Hare Kṛṣṇa mais n'en demeurent pas moins attachés aux femmes, à l'argent et aux intoxicants. Bien qu'ils chantent les saints noms du Seigneur, ils ne sont pas encore entièrement purifiés. Nous devons respecter en pensée de tels dévots, mais toujours prendre garde d'éviter leur compagnie. On distingue encore ceux qui, bien qu'innocents, se sont laissés entraîner par de mauvaises fréquentations, et envers qui l'on doit montrer de la bienveillance lorsqu'ils manifestent le désir de recevoir les enseignements de purs dévots. Mais c'est notre devoir d'offrir notre hommage respectueux aux dévots néophytes initiés par un maître spirituel authentique, et qui s'attachent à exécuter soigneusement ses ordres.

Dans ce Mouvement pour la Conscience de Kṛṣṇa, la même chance est offerte à tous sans que la position sociale, la couleur ou les croyances n'entrent en ligne de compte. Tout le monde est invité à se joindre au groupe, à partager la nourriture sanctifiée et à entendre parler de Kṛṣṇa. Lorsqu'on remarque qu'une personne manifeste de l'intérêt pour la Conscience de Kṛṣṇa et aspire à être initiée, elle est acceptée comme disciple et on lui demande de chanter les saints noms du Seigneur. Or, dès qu'un néophyte se trouve dûment initié par le maître spirituel, et que sous sa direction il s'engage dans le service de dévotion, nous devons l'accepter comme un *vaiṣṇava* authentique et lui offrir notre hommage. Parmi tous ces *vaiṣṇavas,* peut-être en est-il un qui s'absorbe de tout son être dans le service offert au Seigneur, prenant soin d'observer rigoureusement tous les principes régulateurs, de réciter le nombre prescrit de tours de *japa* (chapelet) et de méditer sans cesse sur la façon de répandre le Mouvement pour la Conscience de Kṛṣṇa. Celui-là, doit être considéré comme un *uttama-adhikārī,* un *bhakta* hautement évolué, et il est bon de toujours rechercher sa compagnie.

Le processus permettant au dévot de s'attacher à Kṛṣṇa se trouve décrit dans le *Caitanya-caritāmṛta*:

> *dīkṣā-kāle bhakta kare ātma-samarpaṇa*
> *sei-kāle kṛṣṇa tāre kare ātma-sama*

«Au moment de l'initiation, lorsqu'un dévot se voue entièrement au service du Seigneur, Kṛṣṇa lui reconnaît la même nature qu'à Lui-même.» (*Caitanya-caritāmṛta, Antya* 4.192)

Quant à l'initiation spirituelle (*dīkṣā*), Śrīla Jīva Gosvāmī la décrit de la façon suivante:

> *divyaṁ jñānaṁ yato dadyāt*
> *kuryāt pāpasya saṅkṣayam*
> *tasmād dīkṣeti sā proktā*
> *deśikais tattva-kovidaiḥ*

«Grâce à l'initiation spirituelle, on se détache petit à petit des plaisirs matériels pour s'attacher en proportion égale à la vie spirituelle.» (*Bhakti-sandarbha,* 283)

On a pu observer maintes fois ce phénomène, surtout en Europe et en Amérique. Au contact du mouvement, de nombreux étudiants venant de familles respectables et prospères perdent bientôt tout attrait pour les plaisirs matériels et manifestent un ardent désir d'embrasser la vie spirituelle. Bien qu'ils viennent de familles aisées, nombreux sont ceux qui acceptent de vivre dans des conditions moins confortables. De fait, ils sont prêts, pour Kṛṣṇa, à vivre dans n'importe quelle condition, pourvu que ce soit dans un temple et en compagnie de *vaiṣṇavas.* Lorsque l'on se désintéresse à ce point des plaisirs matériels, on devient éligible pour recevoir l'initiation du maître spirituel. Le *Śrīmad-Bhāgavatam* (6.1.13) enseigne d'ailleurs à ce sujet, *tapasā brahmacaryeṇa śamena ca damena ca*: « L'être qui désire sérieusement recevoir l'initiation (*dīkṣā*) doit être prêt à pratiquer l'austérité, la continence et la maîtrise du mental et du corps. » Ainsi disposé et désireux de se voir éclairé dans le savoir spirituel (*divyaṁ jñānam*), le dévot est qualifié pour recevoir l'initiation. Les mots *divyaṁ jñānam* se traduisent également par l'expression technique *tad-vijñāna*, désignant le savoir lié au Suprême. *Tad-vijñānārthaṁ sa gurum evābhigacchet*, enseignent encore les Écritures: « L'être qui porte un intérêt certain aux questions d'ordre spirituel, touchant à la Vérité Absolue, devrait être initié. » Celui-là devrait alors approcher un maître spirituel pour recevoir de lui l'initiation (*dīkṣā*), c'est ce que recommande le *Śrīmad-Bhāgavatam*. *Tasmād gurum prapadyeta jijñāsuḥ śreya uttamam*: « Lorsque l'on éprouve un intérêt marqué pour la science spirituelle qui mène à la Vérité Absolue, il faut approcher un maître spirituel. » (*Śrīmad-Bhāgavatam*, 11.3.21)

Nul ne doit cependant accepter un maître spirituel pour ensuite ignorer ses instructions, ni pour seulement paraître engagé dans la voie spirituelle, comme il est de mode aujourd'hui. Il faut être *jijñāsu*, c'est-à-dire fort désireux de recevoir les enseignements d'un maître spirituel authentique, et les questions qu'on lui adressera devront porter exclusivement sur la science spirituelle (*jijñāsuḥ śreya uttamam*). Le mot *uttamam* (*ut*: qui transcende, *tama*: les ténèbres matérielles) qualifie le savoir qui se trouve au-delà de la connaissance matérielle. Les hommes sont généralement animés d'un vif intérêt pour les sujets d'ordre matériel, mais lorsqu'on en perd le goût et que l'on reporte son attention sur des questions transcendantales, on devient qualifié pour recevoir l'initiation. Celui qui reçoit ainsi l'initiation d'un maître spirituel authentique et s'engage sérieusement dans le service du Seigneur doit être considéré comme un *madhyama-adhikārī*.

Le chant des saints noms de Kṛṣṇa est de nature si sublime que celui qui s'y adonne en prenant soin d'éviter les dix offenses, pourra graduellement comprendre qu'il n'existe pas de différence entre le saint nom du Seigneur et le Seigneur Lui-même. Celui qui atteint ce niveau d'entendement devrait être hautement respecté par les dévots néophytes. Soyons certains qu'à moins de chanter le saint nom du Seigneur sans offense, nous ne serons guère qualifiés pour progresser sur la voie de la Conscience de Kṛṣṇa. Le *Śrī Caitanya-caritāmṛta* enseigne par ailleurs :

> *yāhāra komala śraddhā, se 'kaniṣṭha' jana*
> *krame krame teṅho bhakta ha-ibe 'uttama'*

« On qualifie de néophyte le dévot dont la foi est fragile et facilement ébranlable. Il peut néanmoins s'élever jusqu'au niveau d'un dévot de premier ordre en suivant progressivement la méthode prescrite. » (*Caitanya-caritāmṛta*, Madhya 22.69)

Quiconque emprunte la voie dévotionnelle commence au stade de néophyte, mais s'il prend soin de chanter assidûment le *hari-nāma* sur son chapelet, autant de fois que le recommande le maître spirituel, il s'élèvera graduellement au niveau le plus élevé, celui de l'*uttama-adhikārī*. Parce qu'il n'est pas possible aux Occidentaux de se concentrer pendant de longues heures sur la récitation du *mahā-*

mantra, le Mouvement pour la Conscience de Kṛṣṇa prescrit le chant de seize tours de chapelet (*japa-mālā*) par jour, exigeant ainsi de ses adhérents un effort minimum. Néanmoins, Śrīla Bhaktisiddhānta Sarasvatī Ṭhākura affirmait que quiconque ne chante pas quotidiennement un minimum de soixante-quatre tours de *japa-mālā* (ce qui représente environ cent mille fois le saint nom) doit être tenu pour déchu (*patita*). Selon ces normes, nous sommes donc pratiquement tous déchus, mais parce que nous nous efforçons de servir le Seigneur Suprême avec sérieux et sans duplicité, nous pouvons espérer obtenir la miséricorde de Śrī Caitanya Mahāprabhu, qu'on célèbre également comme *patita-pāvana,* le libérateur des âmes déchues.

Lorsque Śrīla Satyarāja Khān, un grand dévot de Śrī Caitanya Mahāprabhu, s'enquit auprès de Lui des signes permettant de reconnaître un *vaiṣṇava,* Caitanya lui répondit :

> *prabhu kahe, – 'yāṅra mukhe śuni eka-bāra*
> *kṛṣṇa-nāma, sei pūjya, – śreṣṭha sabākāra'*

« Quiconque chante le saint nom de Kṛṣṇa ne serait-ce qu'une fois est digne de vénération et est le meilleur des êtres humains. » (*Caitanya-caritāmṛta, Madhya* 15.106)

Puis Śrī Caitanya Mahāprabhu continua :

> *'ataeva yāṅra mukhe eka kṛṣṇa-nāma*
> *sei ta 'vaiṣṇava, kariha tāṅhāra sammāna'*

« Celui qui montre de l'intérêt pour le chant du saint nom de Kṛṣṇa ou qui en développe le goût par la pratique, doit être considéré comme un *vaiṣṇava,* il doit recevoir notre respect, au moins par la pensée. » (*Caitanya-caritāmṛta, Madhya* 15.111)

Un de nos amis, célèbre musicien anglais, a développé un attrait pour le chant des saints noms de Kṛṣṇa qu'il a même souvent mentionné dans ses compositions. Il garde chez lui des images de Kṛṣṇa qu'il vénère, et rend également son hommage aux *bhaktas* dont la mission est de répandre la conscience de Kṛṣṇa. À tous égards, il a une très haute estime pour le nom et les actes de Śrī Kṛṣṇa. Aussi lui offrons-nous sans réserve nos respects, car nous voyons de façon pratique ce gentilhomme progresser petit à petit sur la voie de la conscience de Kṛṣṇa. Une telle personne mérite sans contredit le respect d'autrui. Concluons donc que quiconque cherche à progresser dans la conscience de Kṛṣṇa en chantant de façon régulière les saints noms du Seigneur devrait toujours être respecté par les *vaiṣṇavas*. D'autre part, nous avons pu constater que certains de nos contemporains, qui passent pour de grands prédicateurs, se sont peu à peu dégradés jusqu'au niveau matériel, pour avoir négligé le chant des saints noms du Seigneur.

Dans Ses instructions à Sanātana Gosvāmī, Śrī Caitanya Mahāprabhu décrit le stade intermédiaire :

śāstra-yukti nāhi jāne dṛḍha, śraddhāvān
'madhyama-adhikārī' sei mahā-bhāgyavān

« Une personne dont la connaissance des textes sacrés (*śāstras*) n'est pas très profonde, mais qui a acquis une foi résolue en le chant du *mahā-mantra* Hare Kṛṣṇa, et ne dévie jamais du service dévotionnel qui lui a été assigné, doit être considérée comme *madhyama-adhikārī*. Grande est sa fortune. » (*Caitanya-caritāmṛta, Madhya* 22.67)

On qualifie le *madhyama-adhikārī* de *śraddhāvān,* signifiant par là que sa foi est inébranlable. C'est ainsi qu'il trouve qualité pour progresser davantage sur la voie du service de dévotion. Le *Caitanya-caritāmṛta* nous dit :

> *śraddhāvān jana haya bhakti-adhikārī*
> *'uttama', 'madhyama', 'kaniṣṭha' – śraddhā-anusārī*

« Selon le degré de foi qu'il a acquis, on dira d'un *bhakta* qu'il se situe sur le plan élémentaire, intermédiaire ou supérieur du service de dévotion. » (*Caitanya-caritāmṛta*, Madhya 22.64)

Et encore :

> *'śraddhā'-śabde – viśvāsa kahe sudṛḍha niścaya*
> *kṛṣṇe bhakti kaile sarva-karma kṛta haya*

« En offrant un service d'amour transcendantal à Kṛṣṇa, on mène du même coup à bien toutes autres activités annexes. La foi absolue en cette vérité, favorisant la pratique du service de dévotion, s'appelle *śraddhā*. » (*Caitanya-caritāmṛta*, *Madhya* 22.62)

C'est par une telle foi en Kṛṣṇa que s'éveille la conscience de Kṛṣṇa. Et par ce mot, *śraddhā,* il faut entendre une foi ferme.

Les versets de la *Bhagavad-gītā* font autorité en la matière et constituent un enseignement avéré pour les hommes de foi. Aussi, chaque parole qu'énonce Kṛṣṇa dans la *Bhagavad-gītā* doit être acceptée sans interprétation aucune. Et c'est bien ainsi qu'Arjuna accepta la *Bhagavad-gītā*. Il dit d'ailleurs, après l'avoir entendue, *sarvam etad ṛtaṃ manye yan māṁ vadasi keśava*: « Ô Kṛṣṇa, tout ce que Tu m'as dit est pour moi l'entière vérité. » (*Bhagavad-gītā*, 10.14) C'est la voie correcte pour comprendre le message de la *Bhagavad-gītā*, la voie qui relève de la *śraddhā*. Il ne s'agit certes pas d'accepter une partie de la *Bhagavad-gītā* pour en rejeter une autre selon notre fantaisie. Ce n'est pas là ce qu'on entend par *śraddhā*. La *śraddhā* trouve son sens réel dans l'acceptation globale de tous les enseignements de la *Bhagavad-gītā,* et plus particulièrement de sa conclusion, *sarva-dharmān parityajya mām ekaṁ śaraṇaṁ vraja* : « Laisse là toutes formes de pratique religieuse et abandonne-toi simplement à Moi. » (*Bhagavad-gītā*, 18.66) Celui qui en vient à développer une foi absolue en cet enseignement voit cette foi ferme devenir la base même de son progrès dans la vie spirituelle.

Celui qui s'absorbe pleinement dans le chant du *mahā-mantra* Hare Kṛṣṇa réalisera peu à peu son identité spirituelle. Mais Kṛṣṇa ne Se révèle pas à celui qui ne chante pas les saints noms avec foi : *sevonmukhe hi jihvādau svayam eva sphuraty adaḥ.* (*Bhakti-rasāmṛta-sindhu,* 1.2.234) Aucune voie artificielle ne permet de réaliser le Seigneur Suprême. Il faut s'engager fidèlement dans le service du Seigneur, et un tel service commence d'abord avec la langue dans ses deux fonctions (*sevonmukhe hi jihvādau*), c'est-à-dire chanter les saints noms du Seigneur et honorer le *kṛṣṇa-prasāda.* On ne devrait pas chanter ni manger autre chose. Quand le dévot suit ce sentier avec foi, le Seigneur Suprême Se révèle alors à lui.

Lorsque l'être prend conscience de sa position de serviteur éternel de Kṛṣṇa, il se désintéresse alors de tout ce qui n'est pas le service de Kṛṣṇa. Il absorbe dès lors toutes ses pensées en Kṛṣṇa et médite sur les diverses voies pour répandre les saints noms ; il comprend que son unique souci doit être de propager le Mouvement pour la Conscience de Kṛṣṇa dans le monde entier. Il faut voir celui qui agit de la sorte comme un *uttama-adhikārī,* et immédiatement rechercher sa compagnie selon les six échanges prescrits dans le verset précédent (*dadāti, pratigṛhṇāti,* etc.). À vrai dire, il faut accepter un tel *vaiṣṇava* comme maître spirituel, et lui offrir tout ce que l'on possède, puisque les Écritures nous enjoignent de tout abandonner au maître spirituel. Le *brahmacārī*, plus particulièrement, est censé recueillir l'aumône pour ensuite offrir les dons ainsi reçus à son maître spirituel. Gardons-nous cependant d'imiter les dévots avancés, les *mahā-bhāgavatas*, sans être soi-même parfaitement réalisé, car un tel geste aurait tôt ou tard pour effet notre dégradation.

Dans ce verset, Śrīla Rūpa Gosvāmī conseille au dévot de faire preuve d'intelligence pour discerner entre le *kaniṣṭha-adhikārī,* le *madhyama-adhikārī* et l'*uttama-adhikārī*. Un dévot doit également connaître sa propre position et à aucun moment ne doit chercher à imiter les *bhaktas* établis à un niveau supérieur. Śrīla Bhaktivinoda Ṭhākura nous enseigne qu'un dévot *uttama-adhikārī* se reconnaît à sa capacité d'amener de nombreuses âmes déchues au vaishnavisme. Nul ne devrait devenir maître spirituel s'il n'a d'abord atteint le niveau de l'*uttama-adhikārī*. Toutefois, le *kaniṣṭha-adhikārī* et le *madhyama-adhikārī* peuvent eux aussi accepter des disciples, mais parce qu'ils se trouveront plus ou moins au même niveau, les disciples, sous une direction insuffisante, ne progresseront que très difficilement vers le but ultime de la vie. Tout disciple sérieux doit donc veiller à n'accepter pour maître spirituel que l'*uttama-adhikārī*.

Sixième verset

दृष्टैः स्वभावजनितैर्वपुषश्च दोषै-
र्न प्राकृतत्वमिह भक्तजनस्य पश्येत् ।
गङ्गाम्भसां न खलु बुद्बुदफेनपङ्कै-
र्ब्रह्मद्रवत्वमपगच्छति नीरधर्मैः ॥ ६ ॥

*dṛṣṭaiḥ svabhāva-janitair vapuṣaś ca doṣair
na prākṛtatvam iha bhakta-janasya paśyet
gaṅgāmbhasāṁ na khalu budbuda-phena-paṅkair
brahma-dravatvam apagacchati nīra-dharmaiḥ*

dṛṣṭaiḥ: vu de la vision profane; *svabhāva-janitaiḥ*: né de sa propre nature; *vapuṣaḥ*: du corps; *ca*: et; *doṣaiḥ*: par les imperfections; *na*: ne pas; *prākṛtatvam*: la condition matérielle; *iha*: en ce monde; *bhakta-janasya*: d'un pur dévot; *paśyet*: l'on devrait voir; *gaṅgā-ambhasām*: des eaux du Gange; *na*: ne pas; *khalu*: certes; *budbuda-phena-paṅkaiḥ*: les bulles, l'écume et la boue; *brahma-dravatvam*: la nature spirituelle; *apagacchati*: est souillée; *nīra-dharmaiḥ*: les propriétés de l'eau.

Établi au niveau de sa nature originelle, consciente de Kṛṣṇa, le pur dévot ne s'identifie pas au corps; on ne devrait jamais considérer un tel dévot d'un point de vue matériel. En vérité, on doit fermer les yeux sur la basse

naissance, le mauvais teint, les malformations, les maux ou infirmités éventuels du corps d'un tel dévot, car malgré ces défauts auxquels s'arrête la vision profane, son corps n'est pas souillé. On le compare aux eaux du Gange: elles se chargent parfois, durant la saison des pluies, de bulles, d'écume et de boue, mais n'en restent pas moins pures. Les hommes au savoir spirituel élevé continuent de se baigner dans le Gange sans se soucier de l'apparence de l'eau.

La *śuddha-bhakti,* l'activité propre de l'âme, c'est-à-dire le service d'amour sublime offert au Seigneur, s'accomplit à l'état libéré. La *Bhagavad-gītā* enseigne à cet effet:

> *māṁ ca yo 'vyabhicāreṇa*
> *bhakti-yogena sevate*
> *sa guṇān samatītyaitān*
> *brahma-bhūyāya kalpate*

«Celui qui tout entier s'absorbe dans le service de dévotion, sans jamais faillir, transcende aussitôt les modes d'influence de la nature matérielle et atteint le niveau du Brahman.» (*Bhagavad-gītā,* 14.26)

Par *avyabhicāriṇī-bhakti,* il faut entendre la dévotion sans mélange. L'être qui s'engage dans le service de dévotion doit en effet être libre de toute motivation matérielle. Aussi, ce Mouvement pour la Conscience de Kṛṣṇa invite chacun à modifier sa conscience. Selon que notre conscience s'oriente vers les plaisirs matériels ou le service de Kṛṣṇa, on la qualifie de conscience matérielle ou de conscience de Kṛṣṇa. Une âme soumise sert Kṛṣṇa sans aucune considération d'ordre matériel (*anyābhilāṣitā-śūnyam*). *Jñāna-*

karmādy-anāvṛtam: c'est ce service de dévotion sans mélange que l'on qualifie de *bhakti-yoga* pur, transcendant les activités du corps et du mental comme l'action intéressée (*karma*) et la spéculation intellectuelle (*jñāna*). Dans le service de dévotion réside la fonction propre à l'âme, et quiconque s'y engage purement, libre de toute souillure, se trouve déjà libéré (*sa guṇān-samatītyaitān*).

Le dévot de Kṛṣṇa n'est jamais sujet aux conditions de la matière, même si ses traits corporels semblent soumis à ce conditionnement matériel. On ne doit donc pas regarder un pur dévot d'un point de vue matériel. Car à moins d'être soi-même un dévot, il est impossible d'avoir une vision juste. Comme on l'a vu dans le verset précédent, il existe trois sortes de dévots: le *kaniṣṭha-adhikārī*, le *madhyama-adhikārī* et l'*uttama-adhikārī*. Le *kaniṣṭha-adhikārī* ne sait pas reconnaître un dévot d'un non-dévot; il se limite à l'adoration de la *mūrti* dans le temple. Le *madhyama-adhikārī*, pour sa part, est capable de faire la distinction entre le dévot et le non-dévot, de même qu'entre le Seigneur et Son dévot. Aussi se comporte-t-il différemment avec chacun.

Nul ne devrait critiquer les imperfections corporelles d'un pur dévot. Si de telles imperfections existent, il faut tout simplement ne leur accorder aucune attention. Ce qui doit nous intéresser, c'est l'occupation principale d'un tel maître spirituel, c'est-à-dire le pur service de dévotion qu'il offre au Seigneur Suprême. Ce que confirme d'ailleurs la *Bhagavad-gītā* (9.30):

> *api cet sudurācāro*
> *bhajate mām ananya-bhāk*
> *sādhur eva sa mantavyaḥ*
> *samyag vyavasito hi saḥ*

Même si un dévot semble parfois commettre des actes abominables, il faut continuer à le considérer comme un *sādhu,* un saint homme, car sa véritable occupation est de servir le Seigneur avec amour. En d'autres mots, il ne convient pas de le voir comme un homme ordinaire.

De la même façon, si un pur dévot n'est pas né dans une famille de *brāhmaṇa* ou de *gosvāmī,* il ne doit pas être méprisé, car il est engagé dans le service du Seigneur. En vérité, il ne saurait exister de famille de *gosvāmīs* établie sur des considérations d'ordre matériel comme l'hérédité ou l'appartenance à une caste particulière. Le titre de Gosvāmī est réservé aux purs dévots; ainsi parlons-nous des six Gosvāmīs ayant à leur tête Rūpa Gosvāmī et Sanātana Gosvāmī. Malgré le fait qu'ils étaient pratiquement devenus musulmans et avaient même changé leurs noms en ceux de Dabira Khāsa et Sākara Mallika, Śrī Caitanya Mahāprabhu les éleva Lui-même au rang de *gosvāmīs.* Le titre de Gosvāmī n'est donc pas héréditaire. Le mot *gosvāmī* désigne celui qui n'est pas dominé par les sens, mais au contraire en est le maître. Ainsi, celui qui contrôle ses sens peut être appelé Gosvāmī, ou Svāmī, même sans être issu d'une famille de *gosvāmīs.*

Les *gosvāmīs* descendant de Śrī Nityānanda Prabhu et de Śrī Advaita Prabhu sont certes des dévots; mais selon le principe énoncé plus haut, on ne devrait pas dénigrer les dévots descendant d'autres familles. Qu'un dévot appartienne à une famille de grands *ācāryas* ou à une famille quelconque, il doit jouir d'une considération égale. Nul ne devrait faire des distinctions devant un dévot occidental et s'exclamer: «Voilà un *gosvāmī* occidental!» Et nul ne devrait penser: «Voici un *nityānanda-vaṁśa-gosvāmī.*» Il existe un courant de protestation contre le fait que les *vaiṣṇavas* occidentaux du Mouvement pour la Conscience de Kṛṣṇa reçoivent le titre de Gosvāmīs. Certains vont même jusqu'à leur dénier tout droit à porter sans usurpation le titre de *sannyāsī* ou de Gosvāmī. Cependant, ce verset de Śrīla Rūpa Gosvāmī montre bien qu'il n'existe aucune différence entre un *gosvāmī* né en Occident et un autre né dans une famille d'*ācāryas*.

Mais ajoutons qu'un dévot qui a obtenu le titre de Gosvāmī sans être né d'un père *brāhmaṇa* ou d'un *gosvāmī* descendant de Nityānanda ou d'Advaita Prabhu ne doit pas se gonfler de vanité à la pensée qu'il est devenu un *gosvāmī*. Qu'il garde toujours en mémoire que cet orgueil le ferait aussitôt choir de sa haute position. Le Mouvement pour la Conscience de Kṛṣṇa s'appuie sur une science purement spirituelle, et on n'y trouve nulle place pour la jalousie. Il est destiné aux *paramahaṁsas,* à ceux qui sont totalement affranchis de toute envie (*paramaṁ nirmatsarāṇām*). Que l'on soit issu d'une famille de *gosvāmī* ou que l'on en ait reçu le titre, on doit se débarrasser de toute jalousie. Quiconque devient envieux choit aussitôt du niveau de *paramahaṁsa*.

Celui qui s'arrête aux imperfections physiques d'un *vaiṣṇava* commet une offense à ses pieds pareils-au-lotus. Or, toute offense commise aux pieds de lotus d'un *vaiṣṇava* est très grave. Śrī Caitanya Mahāprabhu la compare à un éléphant en furie (*hātī-mātā*). Un éléphant en furie peut en effet provoquer un désastre, surtout si l'animal pénètre dans un jardin soigneusement entretenu. Il faut donc bien se garder de toute offense à l'endroit d'un *vaiṣṇava*. De même, tout *bhakta* doit être prêt à recevoir des instructions d'un *vaiṣṇava* supérieur, lequel doit en retour être prêt à aider en toutes choses les dévots subalternes. C'est le niveau spirituel atteint dans la conscience de Kṛṣṇa qui détermine la position d'un dévot par rapport à un autre. Voir les actes d'un pur dévot d'un œil matériel est vivement déconseillé, surtout pour un néophyte chez qui une telle attitude serait fort injurieuse. Évitons donc de considérer l'apparence externe d'un pur dévot, et attachons-nous plutôt à ses qualités intérieures afin de saisir les voies par lesquelles il s'engage dans le service d'amour sublime du Seigneur. Ainsi pourrons-nous être qualifiés pour graduellement devenir soi-même un pur dévot.

Ceux qui pensent que la conscience de Kṛṣṇa se limite à un certain groupe d'hommes, à certaines catégories de dévots ou à un seul pays ont généralement tendance à s'attacher aux seuls traits extérieurs des dévots. De tels néophytes, incapables d'apprécier le caractère sublime du service qu'offrent les *mahā-bhāgavatas,* les dévots avancés, tentent de les abaisser à leur propre niveau. C'est là d'ailleurs une difficulté que nous rencontrons dans notre propagation de la conscience de Kṛṣṇa à travers le monde, car nous sommes entourés de frères spirituels néophytes qui n'apprécient pas les activités missionnaires extraordinaires de notre mouvement. Ils cherchent simplement à nous abaisser à leur niveau et à nous couvrir de critiques. Nous le déplorons, car leurs efforts sont futiles et trahissent une connaissance incomplète. Quiconque est activement engagé dans le service intime du Seigneur ne doit jamais être traité comme un homme ordinaire, car il est dit qu'à moins d'être doté par Kṛṣṇa Lui-même de pouvoirs spécifiques, nul ne peut répandre la conscience de Kṛṣṇa de par le monde.

Critiquer ainsi un pur dévot constitue une offense appelée *vaiṣṇava-aparādha,* dangereuse en ce qu'elle peut freiner considérablement le progrès de celui qui aspire à s'élever dans la conscience de Kṛṣṇa. Nul, s'il commet une offense aux pieds pareils-au-lotus d'un *vaiṣṇava,* ne pourra retirer un quelconque bienfait de ses pratiques spirituelles. Que chacun se garde donc de jalouser un *śuddha-vaiṣṇava,* un *vaiṣṇava* doté de pouvoirs par le Seigneur. Une autre offense consiste à corriger un tel *vaiṣṇava,* à vouloir lui donner des conseils ou le reprendre. Le *vaiṣṇava* néophyte et le *vaiṣṇava* avancé se distinguent par leurs fonctions et activités respectives. Le *vaiṣṇava* avancé occupe toujours la position de maître spirituel et le néophyte celle de disciple. Le maître spirituel n'a pas à recevoir de conseils de la part d'un disciple et rien ne l'oblige à suivre les indications de ceux qui ne sont pas ses disciples. Telle est l'essence du message de Śrīla Rūpa Gosvāmī dans ce sixième verset.

Septième verset

स्यात्कृष्णनामचरितादिसिताप्यविद्या-
पित्तोपतप्तरसनस्य न रोचिका नु ।
किन्त्वादरादनुदिनं खलु सैव जुष्टा
स्वाद्वी क्रमाद्भवति तद्गदमूलहन्त्री ॥ ७ ॥

syāt kṛṣṇa-nāma-caritādi-sitāpy avidyā-
pittopatapta-rasanasya na rocikā nu
kintv ādarād anudinaṁ khalu saiva juṣṭā
svādvī kramād bhavati tad-gada-mūla-hantrī

syāt: est; *kṛṣṇa:* du Seigneur, Śrī Kṛṣṇa; *nāma:* le saint nom; *carita-ādi:* la personnalité, les activités, etc.; *sitā:* sucre candi; *api:* bien que; *avidyā:* de l'ignorance; *pitta:* par la bile; *upatapta:* affligé; *rasanasya:* la langue; *na:* ne pas; *rocikā:* agréable au goût; *nu:* oh, quelle merveille!; *kintu:* mais; *ādarāt:* soigneusement; *anudinam:* chaque jour, ou vingt-quatre heures par jour; *khalu:* naturellement; *sā:* ce (sucre candi du saint nom); *eva:* certes; *juṣṭā:* pris, ou chanté; *svādvī:* savoureux; *kramāt:* graduellement; *bhavati:* devient; *tat-gada:* de cette maladie; *mūla:* de la racine; *hantrī:* le destructeur.

Les saints noms, comme les divertissements, attributs et autres traits de personnalité de Kṛṣṇa, sont tous de la

douceur d'un sucre sublime. Bien qu'un homme atteint de la jaunisse de l'ignorance [avidyā] ne puisse apprécier cette saveur, n'est-il pas merveilleux qu'il en retrouve le goût naturel et déracine peu à peu le mal qui l'afflige, par le simple chant attentif, chaque jour, de ces doux noms.

Les saints noms de Kṛṣṇa, Ses qualités, Ses divertissements et tout ce qui Lui a trait, participent de la nature de la Vérité Absolue, toute de beauté et de félicité. Leur douceur, comme celle du sucre candi, est intrinsèque et universellement attrayante. L'ignorance au contraire, est comparée à la jaunisse, maladie causée par des sécrétions biliaires. Un homme atteint de jaunisse ne peut savourer le goût du sucre candi; toute sucrerie aura plutôt pour lui un goût amer. De même, l'ignorance (*avidyā*) altère la capacité de l'être à goûter la saveur sublime du nom, des qualités, de la forme et des divertissements de Kṛṣṇa. Mais si celui qu'a frappé ce mal adopte la conscience de Kṛṣṇa, s'il s'applique avec grand soin et attention à chanter les saints noms de Kṛṣṇa et à écouter la narration de Ses divertissements transcendantaux et absolus, il verra alors disparaître son ignorance et pourra de nouveau goûter la douce nature spirituelle de Kṛṣṇa et de ce qui L'entoure. Or, ce retour à la santé spirituelle n'est possible que par un développement constant de la conscience de Kṛṣṇa.

Lorsqu'un homme accorde plus d'intérêt au mode de vie matérialiste qu'à la conscience de Kṛṣṇa, c'est le signe qu'il se trouve dans un état maladif. Car sa condition naturelle, son «état normal», est de servir éternellement le Seigneur (*jīvera 'svarūpa' haya – kṛṣṇera 'nitya-dāsa'*). Cette condition naturelle est altérée lorsque sous l'effet du charme exercé sur lui par *māyā* – l'énergie externe du Seigneur – il oublie

Śrī Śrīmad A. C. Bhaktivedanta Swami Prabhupāda

Acharya-fondateur de l'International Society for Krishna Consciousness

Un *samādhi* est l'endroit où repose le corps d'une personne sainte après sa mort. Cet endroit devient un lieu de pèlerinage. Le *samādhi* de Śrīla Rūpa Gosvāmī se trouve au temple Rādhā-Dāmodara à Vṛndāvana.

Le Seigneur Caitanya et Ses compagnons chantent les Saints Noms de Dieu. De gauche à droite : Śrī Advaita, Śrī Nityānanda, Śrī Caitanya Mahāprabhu, Śrī Gadādhara et Śrī Śrīvāsa Prabhu.

Le temple Rādhā-Govinda à Vṛndāvana fut construit vers 1570 sous l'égide de Mahārāja Man Singh. D'une architecture remarquable, le temple fut attaqué en 1669 par Aurangzeb qui fit détruire les quatre étages supérieurs. À ce jour les pèlerins visitent régulièrement ce temple.

Il y a 5000 ans, le roi Vajranābha adorait une *mūrti* de Kṛṣṇa appelée Govinda. En 1525, Rūpa Gosvāmī retrouva la *mūrti* et fit construire un temple pour l'accueillir. Une centaine d'années plus tard, Śrīmatī Rādhārāṇī fut installée à Sa gauche. Les *mūrtis* se trouvent maintenant à Jaipur.

On peut voir encore aujourd'hui la colline Govardhana dans le district de Mathurā en Inde. Les pèlerins s'y rendent régulièrement. En signe de respect, ils font souvent une marche tout autour de la montagne, sur une longeur de 21 kilomètres.

Il y a 5000 ans, Kṛṣṇa souleva la colline Govardhana pour protéger les habitants d'une pluie diluvienne.

Le Rādhā-kuṇḍa est situé dans le disctrict de Mathurā en Inde. D'entre toutes les *gopīs,* Śrīmatī Rādhārāṇī est la plus élevée et les grands sages décrivent Son étang, le Rādhā-kuṇḍa, comme étant aussi cher à Kṛṣṇa que Rādhārāṇī Elle-même. Si on a l'heureuse fortune de s'y baigner, ne serait-ce qu'une fois, alors pourra pleinement s'éveiller notre pur amour pour Kṛṣṇa.

Kṛṣṇa. Ce monde où nous vivons, le royaume de *māyā,* est qualifié de faux, ou mauvais refuge (*durāśraya*). Celui qui met sa foi en ce *durāśraya* entre dans une voie sans issue. Ainsi voit-on tous les êtres s'efforcer de trouver le bonheur sans y réussir jamais ; bien que chacune de leurs tentatives matérielles se traduise par un échec, ils sont incapables, aveuglés par l'ignorance, de comprendre leurs erreurs, de sorte que, cherchant à les réparer, ils en commettent de nouvelles. Voilà comment en ce monde de matière, se pave la voie de la lutte pour l'existence. Mais si on demande à celui qui se trouve dans ces conditions, d'adopter la conscience de Kṛṣṇa et ainsi retrouver le bonheur, il déclinera notre requête.

Ce Mouvement pour la Conscience de Kṛṣṇa se répand partout à travers le monde à seule fin de remédier à cette ignorance grossière. Les hommes dans leur masse sont fourvoyés par des dirigeants aveugles. Et si les dirigeants – politiciens, philosophes et hommes de science – sont aveugles, c'est parce qu'ils ne sont pas conscients de Kṛṣṇa. La *Bhagavad-gītā* enseigne que leur ignorance, l'absence en eux de savoir véritable, est dû à un mode de vie athée qui les relègue parmi les plus déchus des hommes :

> *na māṁ duṣkṛtino mūḍhāḥ*
> *prapadyante narādhamāḥ*
> *māyayāpahṛta-jñānā*
> *āsuraṁ bhāvam āśritāḥ*

« Les hommes d'une sottise grossière, ceux qui se trouvent au dernier échelon de l'humanité, ceux dont le savoir a été dérobé par l'illusion et ceux qui participent de la nature athée des démons, aucun de ces incroyants ne s'abandonne à Moi. » (*Bhagavad-gītā,* 7.15)

Ceux-là, donc, ne s'abandonnent jamais à Kṛṣṇa, et se dressent même contre l'effort de ceux qui aspirent à prendre refuge en Kṛṣṇa. Que ces athées prennent en charge la conduite de la société, et l'atmosphère tout entière devient lourde d'ignorance. Dans de telles conditions, les hommes n'accueillent la Conscience de Kṛṣṇa qu'avec peu d'enthousiasme, tout comme un malade souffrant de jaunisse ne peut apprécier le goût du sucre. Or, il faut savoir que le sucre candi est justement le seul remède efficace à la jaunisse. De même, seule la conscience de Kṛṣṇa, seul le chant des saints noms du Seigneur – Hare Kṛṣṇa, Hare Kṛṣṇa, Kṛṣṇa Kṛṣṇa, Hare Hare/Hare Rāma, Hare Rāma, Rāma Rāma, Hare Hare – peut remédier à la confusion dans laquelle baigne l'humanité et ainsi rétablir l'harmonie. Aussi Śrīla Rūpa Gosvāmī recommande-t-il à quiconque désire être guéri du mal matériel qui l'afflige d'adopter le remède de la conscience de Kṛṣṇa avec soin et attention, même si, précisément en raison de son mal, il ne le trouve pas particulièrement «savoureux». Le traitement débute avec le chant du *mahā-mantra* Hare Kṛṣṇa, lequel a pour effet d'affranchir l'être conditionné de tous concepts erronés (*ceto-darpaṇa-mārjanam*). Or, l'*avidyā,* ou la méconnaissance de notre propre identité spirituelle, est le fondement du faux ego dans le cœur (l'*ahaṅkāra*).

Le véritable siège de la maladie se situe donc dans le cœur. Cependant, la fièvre matérielle ne peut toucher un être dont le mental et la conscience sont purifiés. Et pour que le mental et le cœur soient purifiés de tout concept erroné, il faut pratiquer le chant, facile et bénéfique, du *mahā-mantra* Hare Kṛṣṇa. Le chant des saints noms du Seigneur donnera aussitôt de s'affranchir du brasier de l'existence matérielle.

Le chant des saints noms comporte trois phases – celle dite offensante, celle dite de purification, qui est une phase intermédiaire où l'on réduit les offenses aux saints noms, et celle où le chant est parfaitement pur. Quand un néophyte adopte le chant du mantra Hare Kṛṣṇa, il commet généralement maintes offenses. On en compte principalement dix, et si le *bhakta* les évite, il entrera bientôt dans la phase intermédiaire située entre le chant chargé d'offenses et le chant pur. Ensuite vient la phase de pureté; celui qui l'atteint est aussitôt libéré (*bhava-mahā-dāvāgni-nirvāpanam*). Hors du brasier de l'existence matérielle, il peut à nouveau apprécier la douce saveur de la vie spirituelle.

Pour se défaire de la fièvre matérielle, en conclusion, il faut adopter le chant du mantra Hare Kṛṣṇa. Le Mouvement pour la Conscience de Kṛṣṇa est précisément fait pour offrir à chacun les conditions favorables au chant des saints noms. Qu'on développe d'abord sa foi, puis qu'on l'affermisse par le chant des saints noms, alors on obtient qualité pour s'intégrer au mouvement. Il y a des groupes de *bhaktas* qui chantent les saints noms dans toutes les parties du monde: c'est le *saṅkīrtana*. Or, ces dévots constatent que même dans les régions les plus reculées du globe, où personne n'a jamais entendu parler de Kṛṣṇa, le chant du *mahā-mantra* Hare Kṛṣṇa incite des milliers d'hommes à nous rejoindre. En certains endroits, on voit les habitants se raser la tête et chanter le *mahā-mantra,* imitant les *bhaktas,* seulement quelques jours après avoir entendu le mantra. Même s'il ne s'agit que d'imitation, n'oublions pas qu'imiter une bonne chose est toujours souhaitable. Certains en viennent ainsi, graduellement, à désirer recevoir l'initiation du maître spirituel et à lui en faire la demande.

L'être sincère obtient d'être initié; cette étape porte le

nom de *bhajana-kriyā*. C'est là qu'on s'engage vraiment dans le service du Seigneur, en chantant quotidiennement seize tours du *mahā-mantra* Hare Kṛṣṇa, en s'abstenant de toute vie sexuelle illicite et de tout excitant ou substance enivrante, en s'abstenant de manger de la viande et en ne participant à aucun jeu de hasard. La *bhajana-kriyā* permet d'échapper à la souillure de l'existence matérielle. Ainsi l'initié ne fréquente-t-il plus les restaurants pour y goûter des viandes revenues aux oignons, et autres mets soidisant «savoureux», pas plus qu'il ne manifeste d'intérêt pour fumer ou boire thé ou café. Non seulement met-il un terme aux activités sexuelles illicites, mais il évite complètement toute vie sexuelle. Et il n'éprouve aucun désir de gaspiller son temps en vaines spéculations ou à des jeux de hasard. On peut ainsi comprendre qu'il se purifie et se détache de toutes choses indésirables (*anartha-nivṛtti*). Dès que l'on s'attache au Mouvement pour la Conscience de Kṛṣṇa, tous les *anarthas,* ou éléments indésirables, disparaissent. Après s'être ainsi défait de tous ces *anarthas,* l'être s'établit avec fermeté dans l'accomplissement de ses devoirs à l'intérieur de la conscience de Kṛṣṇa. De fait, il s'y attache, et goûte ainsi à l'extase que procure le service de dévotion. C'est ce qu'exprime le mot *bhāva,* signifiant le prélude à l'éveil de notre amour latent pour Dieu. Voilà comment les âmes conditionnées s'affranchissent de l'existence matérielle et perdent tout intérêt pour les choses matérielles liées au corps: richesses, connaissances matérielles et objets d'attraction matériels de toute sortes. Alors peut-on réaliser qui est le Seigneur Suprême et ce qu'est Sa *māyā.*

Māyā, même présente, ne peut importuner le *bhakta* qui a atteint le niveau du *bhāva,* car il peut voir la vraie nature de *māyā*. Par *māyā,* il faut entendre l'oubli de Kṛṣṇa. Or, l'oubli de Kṛṣṇa et la conscience de Kṛṣṇa se tiennent côte à côte, comme l'ombre et la lumière. Celui qui demeure dans l'ombre se prive des bienfaits que pourrait lui conférer la lumière, mais comment celui qui demeure dans la lumière serait-il gêné par l'obscurité de l'ombre ? Adoptant la conscience de Kṛṣṇa, l'être se libère peu à peu et s'installe dans la lumière ; à vrai dire, l'obscurité ne le touche plus. Ce que confirme le *Caitanya-caritāmṛta* :

> *kṛṣṇa – sūrya-sama ; māyā haya andhakāra*
> *yāhāṅ kṛṣṇa, tāhāṅ nāhi māyāra adhikāra*

« Kṛṣṇa est pareil au soleil, et *māyā* aux ténèbres. Là où brille le soleil, il ne saurait y avoir d'obscurité. De même, dès que l'on adopte la conscience de Kṛṣṇa, les ténèbres de l'illusion, l'influence de l'énergie externe, se dissipent aussitôt. » (*Caitanya-caritāmṛta, Madhya* 22.31)

Huitième verset

तन्नामरूपचरितादिसुकीर्तनानु-
स्मृत्योः क्रमेण रसनामनसी नियोज्य ।
तिष्ठन् व्रजे तदनुरागिजनानुगामी
कालं नयेदखिलमित्युपदेशसारम् ॥ ८ ॥

tan-nāma-rūpa-caritādi-sukīrtanānu-
smṛtyoḥ krameṇa rasanā-manasī niyojya
tiṣṭhan vraje tad-anurāgi-janānugāmī
kālaṁ nayed akhilam ity upadeśa-sāram

tat : de (Śrī Kṛṣṇa) ; *nāma :* le saint nom ; *rūpa :* la forme ;
carita-ādi : la personnalité, les activités, etc. ; *su-kīrtana :* en
discutant, ou en chantant convenablement ; *anusmṛtyoḥ :* et
en se rappelant ; *krameṇa :* graduellement ; *rasanā :* la langue ; *manasī :* et le mental ; *niyojya :* en engageant ; *tiṣṭhan :*
résidant ; *vraje :* à Vraja ; *tat :* à (Śrī Kṛṣṇa) ; *anurāgi :* atta-
chées ; *jana :* personnes ; *anugāmī :* suivant ; *kālam :* temps ;
nayet : doit utiliser ; *akhilam :* plein ; *iti :* ainsi ; *upadeśa :* des
conseils ou des instructions ; *sāram :* l'essence.

**Nous devrions utiliser tout notre temps – vingt-quatre
heures par jour – à réciter, chanter ou se rappeler les
noms divins du Seigneur, Sa forme sublime, Ses attributs**

et Ses divertissements éternels, absorbant ainsi de plus en plus notre langue et notre mental. C'est là la quintessence de tous les enseignements. On devrait en même temps résider à Vraja [Goloka Vṛndāvana-dhāma] et servir Kṛṣṇa sous la direction des dévots. Il faut suivre les traces des dévots bien-aimés du Seigneur qui sont profondément attachés à Son service.

Le mental peut aussi bien se montrer notre ami que notre ennemi : il s'agit donc de l'éduquer afin qu'il devienne notre ami. Le Mouvement pour la Conscience de Kṛṣṇa a pour vocation d'entraîner le mental à être toujours occupé au service de Kṛṣṇa. Le mental véhicule des centaines et des milliers d'impressions, d'informations relatives non seulement à cette vie, mais à de nombreuses vies passées. Ces impressions se rencontrent, se heurtent parfois, créant dans le mental des images contradictoires ; ainsi l'être conditionné peut-il être mis en danger par le mental. Les étudiants en psychologie connaissent bien les diverses transformations qui s'opèrent dans le mental. Or, la *Bhagavad-gītā* (8.6) enseigne :

> *yaṁ yaṁ vāpi smaran bhāvaṁ*
> *tyajaty ante kalevaram*
> *taṁ tam evaiti kaunteya*
> *sadā tad-bhāva-bhāvitaḥ*

Ce sont les pensées, les souvenirs de l'être à l'instant de quitter le corps qui déterminent sa condition future. Au moment de la mort, le mental et l'intelligence de l'être vivant créent la forme subtile d'un corps qui sera celui de sa vie suivante. Mais, si à cet instant le mental s'attache subitement à quelque pensée indésirable, le prochain corps sera à l'image de cette pensée. Si au contraire, toujours à l'instant de la mort, l'être absorbe ses pensées en Kṛṣṇa, il sera transféré jusqu'au monde spirituel, Goloka Vṛndāvana.

Ce processus, celui de la transmigration de l'âme, est de nature subtile et difficile à saisir ; c'est pourquoi Śrīla Rūpa Gosvāmī recommande aux dévots de former leur mental de manière à ce qu'ils ne puissent se souvenir de rien d'autre que Kṛṣṇa. De la même façon, il faut habituer la langue à ne parler que de Kṛṣṇa et à ne goûter que le *kṛṣṇa-prasāda*. Śrīla Rūpa Gosvāmī ajoute, *tiṣṭhan vraje* : il faut vivre à Vṛndāvana, ou quelque part à Vrajabhūmi. Vrajabhūmi, la terre de Vṛndāvana, couvre une superficie de quatre-vingt-quatre *krośas* (un *krośa* valant quelque cinq kilomètres carrés). Celui qui fait de Vṛndāvana son lieu de résidence doit y prendre refuge auprès d'un dévot élevé, pour ainsi toujours avoir l'occasion de penser à Kṛṣṇa et à Ses divertissements. Śrīla Rūpa Gosvāmī explique davantage ce point dans son *Bhakti-rasāmṛta-sindhu* :

kṛṣṇaṁ smaran janaṁ cāsya
preṣṭhaṁ nija-samīhitam
tat-tat-kathā-rataś cāsau
kuryād vāsaṁ vraje sadā

« Un dévot devrait toujours habiter sur la terre spirituelle et absolue de Vraja, et toujours s'y absorber en le souvenir de Śrī Kṛṣṇa et de Ses compagnons bien-aimés [*kṛṣṇaṁ smaran janaṁ cāsya preṣṭham*]. En marchant sur les traces de tels compagnons du Seigneur, et en acceptant leur tutelle éternelle, on peut développer en soi l'intense désir de servir Dieu, la Personne Suprême. » (*Bhakti-rasāmṛta-sindhu*, 1.2.294)

Śrīla Rūpa Gosvāmī poursuit :

sevā sādhaka-rūpeṇa
siddha-rūpeṇa cātra hi
tad-bhāva-lipsunā kāryā
vraja-lokānusārataḥ

« Et en cette terre spirituelle et absolue de Vraja [Vraja-dhā-ma], il faut, animé d'un sentiment semblable à celui de Ses compagnons, servir Śrī Kṛṣṇa, le Seigneur Suprême; il faut en outre se placer sous la conduite directe d'un des compagnons personnels de Kṛṣṇa et marcher sur ses traces. Cette méditation est appropriée aussi bien au stade de la *sādhana* [pratiques spirituelles accomplies à l'état conditionné] qu'à celui de la *sādhya* [la réalisation de Dieu] où l'on devient un *siddha-puruṣa,* une âme établie dans la perfection spirituelle. » (*Bhakti-rasāmṛta-sindhu*, 1.2.295)

Śrīla Bhaktisiddhānta Sarasvatī Ṭhākura a écrit sur ce verset le commentaire suivant: «Celui qui n'a pas encore développé d'intérêt pour la conscience de Kṛṣṇa devrait d'abord renoncer à toute motivation matérielle et former son mental en suivant les principes régulateurs qui permettent de progresser, tels que le chant et le souvenir de Kṛṣṇa: Son nom, Sa forme, Ses attributs, Ses divertissements, etc. Puis, ayant ainsi développé un goût pour ces pratiques, l'aspirant dévot devrait s'efforcer de vivre à Vṛndāvana et user de tout son temps à se rappeler le nom de Kṛṣṇa, Sa renommée, Ses divertissements et Ses qualités, sous la conduite et la protection d'un dévot parfaitement qualifié. Telle est la quintessence de tous les enseignements portant sur le développement du service de dévotion.

«Au stade néophyte, il faut constamment s'absorber dans l'écoute de ce qui a trait à Kṛṣṇa [*kṛṣṇa-kathā*]; c'est ce qu'on appelle le stade de l'écoute, ou *śravaṇa-daśā*. En entendant de façon constante les saints noms de Kṛṣṇa, et en écoutant régulièrement les descriptions de Sa forme, Ses qualités et Ses divertissements, on peut atteindre le stade de l'adhésion, ou *varaṇa-daśā*, caractérisé par l'attachement aux pratiques d'écoute de la *kṛṣṇa-kathā*. Lorsqu'en chantant Ses gloires on éprouve une extase spirituelle, on atteint alors le stade du souvenir du Seigneur, ou *smaraṇāvasthā*. Le souvenir de Kṛṣṇa, ou *kṛṣṇa-smaraṇa,* s'intensifie alors en cinq étapes graduelles : d'abord vient la simple réminiscence, puis l'absorption, la méditation, le souvenir constant, et enfin, l'extase. Il est possible qu'au commencement, le souvenir de Kṛṣṇa s'interrompe par intervalles, mais il finit par être continu. Alors, il se concentre et prend le nom de méditation. Quand cette méditation se développe encore et acquiert elle aussi un caractère constant, on l'appelle *anusmṛti*. Enfin, quand l'*anusmṛti* se fait soutenue, imperturbable, elle se transforme en *samādhi,* en transe spirituelle. Or, c'est quand le *smarana-daśā,* ou le *samādhi,* atteint son plein développement que l'âme peut réaliser sa position originelle constitutionnelle et comprendre parfaitement et en toute clarté la relation éternelle qui l'unit à Kṛṣṇa. Voilà ce qu'on appelle la perfection de l'existence [*sampatti-daśā*].

« Le *Śrī Caitanya-caritāmṛta* conseille aux dévots néophytes d'abandonner toutes formes de désirs intéressés et de se consacrer simplement au service dévotionnel du Seigneur tel que prescrit par les Écritures. Ces *bhaktas* néophytes pourront ainsi peu à peu développer de l'attachement pour les noms de Kṛṣṇa, pour Sa renommée, Sa forme, Ses qualités, etc. Lorsque se développe un tel attachement, on peut alors servir les pieds pareils-au-lotus de Kṛṣṇa de façon spontanée, sans même suivre les principes régulateurs. Ce niveau est celui de la *rāga-bhakti,* le service de dévotion accompli par amour spontané. Arrivé à ce stade, appelé aussi *rāgānuga-bhakti,* le dévot peut marcher sur les traces d'un des compagnons éternels de Kṛṣṇa à Vṛndāvana. Ce service spontané, ou *rāgānuga-bhakti,* peut s'accomplir dans le cadre de l'une ou l'autre des cinq principales relations [*rasas*] : 1) la relation neutre [*śānta-rasa*], où le dévot aspire à devenir semblable aux vaches de Kṛṣṇa, au bâton ou à la flûte qu'Il tient dans Sa main, ou encore aux fleurs qui ornent Son cou ; 2) la relation de serviteur [*dāsya-rasa*], où le dévot marche sur les traces des serviteurs de Kṛṣṇa, tels que Citraka, Patraka ou Raktaka ; 3) la relation d'amitié [*sakhya-rasa*], où le dévot peut devenir ami de Kṛṣṇa, à l'exemple de Baladeva, Śrīdāmā ou Sudāmā ; 4) la relation caractérisée par l'amour paternel ou maternel pour le Seigneur [*vātsalya-rasa*], semblable à celui de Nanda Mahārāja et Yaśodā ; 5) et enfin, la relation caractérisée par des sentiments amoureux pour le Seigneur [*mādhurya-rasa*] comme ceux qu'entretiennent Śrīmatī Rādhārāṇī, Ses compagnes dont Lalitā, et Ses suivantes [*mañjarīs*] comme Rūpa et Rati. Telle est l'essence de tous les enseignements sur le service de dévotion. »

Neuvième verset

वैकुण्ठाज्जनितो वरा मधुपुरी तत्रापि रासोत्सवाद्
वृन्दारण्यमुदारपाणिरमणात्तत्रापि गोवर्धनः ।
राधाकुण्डमिहापि गोकुलपतेः प्रेमामृताप्लावनात्
कुर्यादस्य विराजतो गिरितटे सेवां विवेकी न कः ॥ ९ ॥

vaikuṇṭhāj janito varā madhu-purī tatrāpi rāsotsavād

vṛndāraṇyam udāra-pāṇi-ramaṇāt tatrāpi govardhanaḥ

rādhā-kuṇḍam ihāpi gokula-pateḥ premāmṛtāplāvanāt

kuryād asya virājato giri-taṭe sevāṁ vivekī na kaḥ

vaikuṇṭhāt: que Vaikuṇṭha, le monde spirituel; *janitaḥ:* à cause de la naissance; *varā:* mieux; *madhu-purī:* la ville toute spirituelle de Mathurā; *tatra api:* supérieur à cela; *rāsa-utsavāt:* parce que la danse *rāsa* y a eu lieu; *vṛndā-aranyam:* la forêt de Vṛndāvana; *udāra-pāṇi:* de Śrī Kṛṣṇa; *ramaṇāt:* en raison des divertissements amoureux; *tatra api:* supérieur à cela; *govardhanaḥ:* la colline Govardhana; *rādhā-kuṇḍam:* le lieu célèbre de Rādhā-kuṇḍa; *iha api:* supérieur à ceci; *gokula-pateḥ:* de Kṛṣṇa, le maître de Gokula; *prema-amṛta:* avec le nectar de l'amour divin; *āplāvanāt:* parce que submergé; *kuryāt:* ferait; *asya:* de ce (Rādhā-kuṇḍa); *virājataḥ:* situé; *giri-taṭe:* au pied de la colline

"

Govardhana ; *sevām :* service ; *vivekī :* qui est intelligent ; *na :* ne pas ; *kaḥ :* qui.

La sainte ville de Mathurā surpasse en valeur spirituelle même Vaikuṇṭha, le monde transcendantal, car Śrī Kṛṣṇa y est apparu. Mais la forêt transcendantale de Vṛndāvana, toute sublime, surpasse Mathurā-purī, car Kṛṣṇa y a manifesté le divertissement de la danse rāsa. Et la colline Govardhana surpasse la forêt de Vṛndāvana, car Śrī Kṛṣṇa l'a soulevée de Sa main divine et y a conduit maints divertissements d'amour. Au-dessus de tout, cependant, se trouve Śrī Rādhā-kuṇḍa, à l'excellence suprême, submergé par le nectar de l'ambroisie d'amour du Seigneur de Gokula, Śrī Kṛṣṇa. Quel homme intelligent refuserait donc de servir ce divin Rādhā-kuṇḍa, sis au pied de la colline Govardhana ?

Le monde spirituel, qui constitue les trois quarts de la création totale du Seigneur Suprême, est bien la région la plus élevée et est naturellement supérieure à l'univers matériel. Mais la ville de Mathurā et les lieux avoisinants, bien que situés dans l'univers matériel, sont tenus pour supérieurs au monde spirituel, car Dieu Lui-même y est apparu en personne. Toutefois, on tient les douze forêts de Vṛndāvana (*dvādaśa-vana*) – comme Madhuvana, Tālavana et Bahulā-vana – pour supérieures encore à Mathurā, car le Seigneur S'y livra à de nombreux divertissements. Mais la divine colline Govardhana est supérieure à ces forêts car Kṛṣṇa la souleva tel un parapluie de Sa main belle comme un lotus, afin de protéger Ses compagnons et les habitants de Vraja des pluies torrentielles envoyées par le roi des *devas,* Indra, qui était en colère. C'est aussi sur la colline Govardhana que Kṛṣṇa menait paître Ses vaches, accompagné de Ses amis les pâtres, et là aussi qu'Il donnait rendez-vous à Śrī Rādhā, Sa plus tendre bien-aimée, S'y adonnant avec Elle à des divertissements amoureux. Néanmoins, sis au pied de Govardhana se trouve le Rādhā-kuṇḍa, suprême entre tous, car tout entier submergé par l'amour de Kṛṣṇa. Les dévots avancés choisissent, de préférence à tout autre, le Rādhā-kuṇḍa comme lieu de résidence, en raison des nombreux souvenirs d'échanges d'amour éternel (*rati-vilāsa*) entre Kṛṣṇa et Rādhārāṇī que ce lieu saint évoque.

Le *Caitanya-caritāmṛta* rapporte que lorsque Śrī Caitanya Mahāprabhu visita pour la première fois la région de Vrajabhūmi, Il ne parvint pas à localiser aussitôt l'emplacement du Rādhā-kuṇḍa. Ce qui laisse entendre qu'Il en cherchait l'emplacement précis. Il finit cependant par découvrir le lieu sacré, et là, il y avait un petit étang. S'y étant baigné, Il révéla à Ses dévots qu'il s'agissait de l'emplacement exact du Rādhā-kuṇḍa. Plus tard, les dévots de Śrī Caitanya Mahāprabhu, avec à leur tête les six Gosvāmīs de Vṛndāvana dont Rūpa et Raghunātha Dāsa, élargirent les limites de l'étang. C'est ainsi que l'on peut aujourd'hui voir à cet endroit le magnifique bassin du Rādhā-kuṇḍa. C'est l'intense désir qu'eut Śrī Caitanya Mahāprabhu de le retrouver qui incita Śrīla Rūpa Gosvāmī à en souligner fortement l'importance.

Qui donc abandonnerait les rives du Rādhā-kuṇḍa pour aller vivre ailleurs? Certes, aucun homme doté d'intelligence spirituelle ne ferait cela. Toutefois, les autres successions discipliques *vaiṣṇavas* (*sampradāyas*) ne peuvent pas vraiment comprendre l'importance du Rādhā-kuṇḍa. Que dire de ceux qui ne manifestent aucun intérêt pour le service de dévotion offert à Śrī Caitanya Mahāprabhu; ils ne peuvent saisir ni l'importance spirituelle ni la nature divine du Rādhā-kuṇḍa. Aussi, le Rādhā-kuṇḍa est-il surtout révéré par les *vaiṣṇavas* Gauḍīyas, ceux qui marchent sur les traces de Śrī Caitanya Mahāprabhu.

Dixième verset

कर्मिभ्यः परितो हरेः प्रियतया व्यक्तिं ययुर्ज्ञानिन-
स्तेभ्यो ज्ञानविमुक्तभक्तिपरमाः प्रेमैकनिष्ठास्ततः ।
तेभ्यस्ताः पशुपालपङ्कजदृशस्ताभ्योऽपि सा राधिका
प्रेष्ठा तद्वदियं तदीयसरसी तां नाश्रयेत्कः कृती ॥ १० ॥

karmibhyaḥ parito hareḥ priya-tayā vyaktiṁ yayur jñāninas
tebhyo jñāna-vimukta-bhakti-paramāḥ premaika-niṣṭhās tataḥ
tebhyas tāḥ paśu-pāla-paṅkaja-dṛśas tābhyo 'pi sā rādhikā
preṣṭhā tadvad iyaṁ tadīya-sarasī tāṁ nāśrayet kaḥ kṛtī

karmibhyaḥ: que tous ceux qui agissent en vue des fruits de l'acte; *paritaḥ*: à tous égards; *hareḥ*: par le Seigneur Suprême; *priyatayā*: étant béni; *vyaktim yayuḥ*: il est dit dans les *śāstras* (Écritures révélées); *jñāninaḥ*: ceux dont le savoir est hautement développé; *tebhyaḥ*: supérieurs à eux; *jñāna-vimukta*: libérés par le savoir; *bhakti-paramāḥ*: ceux qui sont engagés dans le service de dévotion; *prema-eka-niṣṭhāḥ*: ceux qui ont atteint le pur amour pour Dieu; *tataḥ*: supérieurs à eux; *tebhyaḥ*: mieux qu'eux; *tāḥ*: elles; *paśu-pāla-paṅkaja-dṛśaḥ*: les *gopīs* qui dépendent toujours de Kṛṣṇa, le jeune pâtre; *tābhyaḥ*: au-dessus d'eux tous; *api*: certes; *sā*: Elle; *rādhikā*: Śrīmatī Rādhikā; *preṣṭhā*: très chère; *tadvat*: de même; *iyam*: ce; *tadīya-sarasī*: Son étang, Śrī Rādhā-kuṇḍa; *tām*: le Rādhā-kuṇḍa; *na*: ne pas; *āśrayet*: prendrait refuge en; *kaḥ*: qui; *kṛtī*: le plus fortuné.

Les śāstras enseignent que d'entre tous ceux qui aspirent aux fruits de leurs actes, celui qui possède un haut savoir des valeurs spirituelles de l'existence est béni par le Seigneur Hari. Parmi ceux qui possèdent ce savoir supérieur [les jñānīs], celui que la connaissance a pratiquement libéré et qui entame la pratique du service de dévotion, s'élève par là au-dessus des autres. Mais encore plus haut se situe le bhakta qui a atteint le niveau du pur amour pour Kṛṣṇa [prema], et plus haut encore sont les gopīs, qui sans cesse, tout entières, se mettent sous la dépendance du jeune pâtre divin, Śrī Kṛṣṇa. D'entre les gopīs, Śrīmatī Rādhārāṇī est la plus chère à Kṛṣṇa, et Son étang est de la même façon aussi profondément cher au Seigneur. Qui donc refusera de vivre au Rādhā-kuṇḍa dans un corps spirituel, saturé d'émotions dévotionnelles extatiques [aprākṛta-bhāva], afin d'y servir avec amour le couple divin, Śrī Śrī Rādhā-Govinda, éternellement absorbés dans Leurs huit divertissements quotidiens éternels [aṣṭakālīya-līlā]. En vérité, ceux qui pratiquent le service de dévotion sur les bords du Rādhā-kuṇḍa sont les plus fortunés de tous les êtres de l'univers.

À l'heure actuelle, presque tous les hommes se trouvent engagés dans une forme ou une autre d'action intéressée. Et on nomme *karmīs,* ou auteurs d'actes intéressés, ceux qui, par leur travail, espèrent réaliser divers gains d'ordre matériel. Comme l'explique le *Viṣṇu Purāṇa* (6.7.61), tous les êtres en ce monde se trouvent sous l'emprise de *māyā* :

> *viṣṇu-śaktiḥ parā proktā*
> *kṣetrajñākhyā tathā parā*
> *avidyā-karma-saṁjñānyā*
> *tṛtīyā śaktir iṣyate*

Les sages ont divisé les énergies de Dieu, la Personne Suprême, en trois catégories : l'énergie spirituelle, l'énergie marginale et l'énergie matérielle. On classe généralement l'énergie matérielle au troisième rang (*tṛtīyā śaktiḥ*). Les êtres se trouvant sous l'emprise de l'énergie matérielle agissent parfois comme des chiens et des porcs ; ils travaillent très dur dans le seul but de jouir de leurs sens. Il arrive cependant que certains parmi ces *karmīs,* en cette vie même ou dans la vie prochaine après avoir accompli des actes de piété, développent un vif attrait pour l'accomplissement de divers rituels prescrits dans les *Vedas*. Grâce à leur piété, ils peuvent alors atteindre les planètes édéniques. En vérité, ceux qui accomplissent ces rituels en observant rigoureusement les prescriptions védiques atteignent la lune ou d'autres planètes supérieures à la lune. Mais la *Bhagavad-gītā* (9.21) nous enseigne, *kṣīṇe puṇye martya-lokaṁ viśanti* : quand s'épuisent les mérites qu'ils ont acquis par leurs prétendus actes de piété, ils reviennent sur la terre, qu'on nomme aussi *martya-loka,* le royaume de la mort. Ainsi, même s'ils s'élèvent jusqu'aux planètes édéniques grâce à leurs activités pieuses, et parviennent à jouir d'une existence heureuse pendant plusieurs milliers d'années, ils devront néanmoins revenir sur terre lorsque se seront épuisés les fruits de leurs actes vertueux. Telle est la destinée de tout *karmī,* vertueux ou impie.

On peut constater que sur cette planète, nombre d'hommes d'affaires, de politiciens et autres n'ont d'autre intérêt que le bonheur matériel. Ils cherchent à gagner de l'argent par tous les moyens, sans prendre en considération la nature vertueuse ou impie des voies qu'ils adoptent pour arriver à leurs fins. Tels sont les *karmīs,* les matérialistes grossiers. Parmi eux se trouvent des *vikarmīs,* qui agissent sans l'appui du savoir védique. Quant à ceux qui fondent leurs actes sur le savoir védique, s'ils accomplissent des rituels pour la satisfaction de Śrī Viṣṇu, c'est qu'ils espèrent ainsi obtenir de Lui divers bienfaits. Ainsi gagnent-ils de s'élever jusqu'aux planètes supérieures. Ces *karmīs* dépassent les *vikarmīs* en ce qu'ils ont foi en les enseignements des *Vedas,* et pour cela ils deviennent chers à Kṛṣṇa. Kṛṣṇa proclame dans la *Bhagavad-gītā* (4.11), *ye yathā māṁ prapadyante tāṁs tathaiva bhajāmy aham* : « Selon qu'ils s'abandonnent à Moi, en proportion Je les récompense. » Kṛṣṇa est si bon qu'Il satisfait les désirs de tous, *karmīs* ou *jñānīs,* sans parler des *bhaktas.* Bien que les *karmīs* soient parfois élevés aux planètes supérieures, aussi longtemps qu'ils demeurent attachés aux actes intéressés, ils doivent après la mort revêtir de nouveaux corps matériels. Si l'on agit de façon vertueuse, on peut obtenir un corps de *deva* sur les planètes supérieures, ou atteindre une position permettant de jouir d'un plus grand bonheur matériel. À l'opposé, ceux qui s'adonnent à des actes impies se dégradent au point de renaître en des corps Telle bêtes, d'arbres ou de plantes. Négligeant les directives des *Vedas,* ces *vikarmīs* ne sont guère appréciés par les saints érudits. Le *Śrīmad-Bhāgavatam* enseigne :

nūnaṁ pramattaḥ kurute vikarma
yad indriya-prītaya āpṛṇoti
na sādhu manye yata ātmano 'yam
asann api kleśada āsa dehaḥ

« Les matérialistes, peinant sans cesse comme les chiens et les porcs en vue de jouir de leurs sens, souffrent à vrai dire d'une totale insanité ; pour ces plaisirs, ils accomplissent toutes sortes d'actes abominables. Les actes matériels ne sont pas dignes d'un homme intelligent, car ils conduisent l'être à revêtir un nouveau corps de matière, source intarissable de souffrances. » (*Śrīmad-Bhāgavatam*, 5.5.4)

Le but de la vie humaine consiste plutôt à s'affranchir des trois formes de souffrance propres à l'existence matérielle. Malheureusement, les *karmīs* sont rendus fous par le désir de s'enrichir et de se procurer des commodités matérielles, pourtant temporaires, par tous les moyens ; ils courent ainsi le risque de choir parmi les espèces inférieures. Dans leur sottise, ces matérialistes échafaudent d'innombrables projets en vue d'atteindre au bonheur en ce monde. Pas un seul instant ils considèrent qu'ils ne vivront qu'un nombre restreint d'années : ils consacrent la majeure partie de leur temps à accroître leur fortune en vue du plaisir des sens, s'engageant sur un chemin qui les conduira finalement à la mort. Ainsi agissent-ils à l'encontre du but réel de l'existence et ne réalisent pas qu'après avoir quitté leur corps, ils devront peut-être en reprendre un autre de bête, d'arbre ou de plante. Non seulement naissent-ils dans l'ignorance, mais ils agissent dans l'ignorance, pensant simplement aux avantages matériels qu'ils obtiennent : gratte-ciel, grosses voitures, postes honorifiques, etc. Il leur échappe que leur prochaine vie les verra déchus, tombés de leur position, et que tous leurs actes n'auront contribué qu'à leur perte (*parābhava*). Tel est le verdict du *Śrīmad-Bhāgavatam* (5.5.5) : *parābhavas tāvad abodha-jātaḥ*.

Il faut donc ardemment désirer comprendre la science de l'âme (*ātma-tattva*) ; car à moins d'atteindre la connaissance de l'âme spirituelle (*ātma-tattva*), à moins de réaliser que l'âme, et non pas le corps, constitue le moi véritable, on reste dans l'ignorance. Or, parmi des milliers, des millions même d'ignorants qui perdent leur temps à satisfaire leurs sens, un seul, peut-être, atteindra le niveau du savoir et comprendra les valeurs supérieures de la vie. Une telle personne est appelée *jñānī*. Le *jñānī* sait que les actes intéressés ne peuvent que l'enchaîner à l'existence matérielle et le contraindre à transmigrer d'un corps à un autre. Comme le souligne le *Śrīmad-Bhāgavatam* (5.5.5) avec le mot *śarīra-bandha* (enchaîné à l'existence corporelle), tant que l'être entretiendra le moindre désir de satisfaire ses sens, son mental restera centré sur l'action intéressée (le karma) et cela l'obligera à transmigrer d'un corps à un autre.

Le *jñānī* se situe donc à un niveau plus élevé que le *karmī*, car au moins, il évite les actes aveugles orientés vers le seul plaisir des sens. Tel est le verdict du Seigneur Suprême. Cependant, bien qu'il soit affranchi de l'ignorance grossière du *karmī*, le *jñānī* demeure dans l'ignorance (*avidyā*) s'il ne s'élève pas au niveau du service de dévotion ; car son savoir, bien que supérieur, est jugé impur par le fait qu'il ignore tout du service de dévotion, et néglige ainsi l'adoration directe des pieds pareils-au-lotus du Seigneur Suprême.

Quand un *jñānī* s'engage dans le service de dévotion, il devient rapidement supérieur aux autres *jñānīs*. Une personne aussi élevée est appelée *jñāna-vimukta-bhakti-parama*.

Kṛṣṇa explique dans la *Bhagavad-gītā,* comment le *jñānī* en vient à adopter le service de dévotion.

bahūnāṁ janmanām ante
jñānavān māṁ prapadyate
vāsudevaḥ sarvam iti
sa mahātmā sudurlabhaḥ

«Après de nombreuses morts et renaissances, l'homme au vrai savoir s'abandonne à Moi, parce qu'il sait que Je suis la cause de toutes les causes et tout ce qui est. Une si grande âme est infiniment rare.» (*Bhagavad-gītā,* 7.19)

On peut dire d'un homme qu'il est vraiment sage lorsqu'il s'abandonne aux pieds pareils-au-lotus de Kṛṣṇa; mais une telle grande âme (*mahātmā*) est des plus rares.

L'homme qui adopte la pratique réglée du service de dévotion peut accéder au niveau de l'amour spontané pour Dieu, marchant ainsi sur les traces des grands dévots comme Nārada, Sanaka et Sanātana. Dieu Lui-même le tient alors pour un être supérieur.

Certes, les dévots qui ont développé leur amour pour Dieu se trouvent dans une position élevée, mais d'entre tous on tient les *gopīs* pour les plus élevées, car elles ont pour seule pensée la satisfaction de Kṛṣṇa, sans jamais rien attendre en retour. Même lorsque Kṛṣṇa les soumet à d'extrêmes souffrances en les quittant, comme cela se produit parfois, elles ne peuvent L'oublier. Ainsi, lorsque Kṛṣṇa quitta Vṛndāvana pour Se rendre à Mathurā, les *gopīs* s'abîmèrent en un profond chagrin et pleurèrent Son absence le reste de leur vie. Mais il faut comprendre que d'une certaine manière elles ne furent jamais vraiment séparées de Lui, car il n'existe à vrai dire aucune différence entre le fait de penser à Kṛṣṇa et d'être en Sa compagnie directe.

Bien plus, l'absorption en la pensée de Kṛṣṇa dans un sentiment de séparation (*vipralambha-sevā*) telle que la pratiqua Śrī Caitanya Mahāprabhu, est de beaucoup supérieure au service direct offert à Kṛṣṇa. C'est pourquoi d'entre tous les *bhaktas* qui ont développé un amour dévotionnel sans mélange pour Kṛṣṇa, les *gopīs* sont les plus élevées, et de toutes ces *gopīs* exaltées, Śrīmatī Rādhārāṇī est la plus élevée. Nul ne peut surpasser Sa perfection dévotionnelle, pas même Kṛṣṇa ne peut percer Ses sentiments sublimes. C'est pourquoi, afin de connaître Son cœur, Il prit Sa position et apparut sous la forme de Śrī Caitanya Mahāprabhu.

Śrīla Rūpa Gosvāmī en arrive ainsi, pas à pas, à la conclusion que Śrīmatī Rādhārāṇī est la plus élevée de tous les dévots de Kṛṣṇa, et que Son étang, Śrī Rādhā-kuṇḍa, est le lieu le plus sublime. Certitude confirmée encore par une citation du *Laghu-bhāgavatāmṛta* (*Uttara-khaṇḍa* 45) que rapporte le *Caitanya-caritāmṛta* :

> *yathā rādhā priyā viṣṇos*
> *tasyāḥ kuṇḍaṁ priyaṁ tathā*
> *sarva-gopīṣu saivaikā*
> *viṣṇor atyanta-vallabhā*

« Parmi toutes les *gopīs,* Śrīmatī Rādhārāṇī est la plus chère au Seigneur Suprême, Śrī Kṛṣṇa [Viṣṇu], et l'étang où Elle Se baigne, le Rādhā-kuṇḍa, jouit d'une égale importance aux yeux du Seigneur. D'entre les *gopīs,* Śrīmatī Rādhārāṇī, la bien-aimée de Kṛṣṇa, est suprême. »

Aussi, toute personne qui s'intéresse à la conscience de Kṛṣṇa devrait finalement prendre refuge auprès du Rādhā-kuṇḍa et y pratiquer le service de dévotion toute sa vie durant. Telle est la conclusion de Śrīla Rūpa Gosvāmī dans ce dixième verset de l'*Upadeśāmṛta*.

Onzième verset

कृष्णस्योच्चैः प्रणयवसतिः प्रेयसीभ्योऽपि राधा
कुण्डं चास्या मुनिभिरभितस्तादृगेव व्यधायि ।
यत्प्रेष्ठैरप्यलमसुलभं किं पुनर्भक्तिभाजां
तत्प्रेमेदं सकृदपि सरः स्नातुराविष्करोति ॥ ११ ॥

*kṛṣṇasyoccaiḥ praṇaya-vasatiḥ preyasībhyo 'pi rādhā
kuṇḍaṁ cāsyā munibhir abhitas tādṛg eva vyadhāyi
yat preṣṭhair apy alam asulabhaṁ kiṁ punar bhakti-bhājāṁ
tat premedaṁ sakṛd api saraḥ snātur āviṣkaroti*

kṛṣṇasya : du Seigneur Suprême, Śrī Kṛṣṇa ; *uccaiḥ :* très haut ; *praṇaya-vasatiḥ :* objet d'amour ; *preyasībhyaḥ :* parmi toutes les *gopīs* si chères ; *api :* certes ; *rādhā :* Śrīmatī Rādhārāṇī ; *kuṇḍam :* étang ; *ca :* aussi ; *asyāḥ :* Son ; *muni-bhiḥ :* par de grands sages ; *abhitaḥ :* à tous égards ; *tādṛk eva :* pareillement ; *vyadhāyi :* est décrit ; *yat :* que ; *preṣṭhaiḥ :* par les dévots les plus avancés spirituellement ; *api :* même ; *alam :* suffisamment ; *asulabham :* difficile à obtenir ; *kim :* quoi ; *punaḥ :* encore ; *bhakti-bhājām :* pour ceux qui sont engagés dans le service de dévotion ; *tat :* ce ; *prema :* amour de Dieu ; *idam :* ceci ; *sakṛt :* une fois ; *api :* même ; *saraḥ :* étang ; *snātuḥ :* celui qui s'est baigné ; *āviṣkaroti :* s'éveille.

Parmi tous les doux objets de délice et toutes les demoiselles de Vrajabhūmi, si chères à Kṛṣṇa, Śrīmatī Rādhārāṇī est sans aucun doute la plus aimée et chérie de Kṛṣṇa. Et à tous égards, les grands sages ont décrit son divin kuṇḍa comme Lui étant aussi cher. À dire vrai, même les grands dévots n'atteignent que rarement Śrī Rādhā-kuṇḍa ; la difficulté s'en trouve donc accrue pour les dévots moins élevés. Mais si l'on se baigne, ne serait-ce qu'une fois, dans ces eaux sacrées, alors s'éveillera pleinement notre pur amour pour Kṛṣṇa.

Pourquoi le Rādhā-kuṇḍa a-t-il une si grande importance ? C'est qu'il appartient à Śrīmatī Rādhārāṇī, l'objet suprême de l'amour de Śrī Kṛṣṇa. D'entre toutes les *gopīs,* c'est Elle qui Lui est la plus chère, et les grands sages décrivent Son étang, Śrī Rādhā-kuṇḍa, comme aussi cher à Kṛṣṇa que Rādhā Elle-même. En fait, l'amour de Kṛṣṇa pour le Rādhā-kuṇḍa est en tous points le même que celui qu'Il porte à Śrīmatī Rādhārāṇī. Il est très rare qu'on atteigne le Rādhā-kuṇḍa, même les grands dévots pleinement absorbés dans le service de dévotion n'y parviennent que difficilement. Que dire alors des autres, encore au niveau de la *vaidhī bhakti.*

Il est dit qu'un dévot qui se baigne ne serait-ce qu'une fois dans les eaux du Rādhā-kuṇḍa développe aussitôt un pur amour pour Kṛṣṇa, dans le sillage des *gopīs.* Śrīla Rūpa Gosvāmī nous dit que même si l'on ne peut résider en permanence sur les berges du Rādhā-kuṇḍa, on doit néanmoins s'y baigner aussi souvent que possible. Cette pratique représente un élément d'importance majeure dans l'accomplissement du service de dévotion. Śrīla Bhaktivinoda Ṭhākura écrit à ce propos que Śrī Rādhā-kuṇḍa représente l'endroit par excellence pour tous les êtres qui désirent progresser dans le service dévotionnel avec le sentiment des compagnes intimes ou des proches suivantes de Śrīmatī Rādhārāṇī (les *sakhīs* et les *mañjarīs*). Les êtres qui éprouvent un vif désir de retrouver leur corps spirituel (*siddha-deha*) pour ainsi retourner à leur demeure originelle, le royaume absolu de Dieu, Goloka Vṛndāvana, devraient vivre sur les berges du Rādhā-kuṇḍa, prendre refuge auprès des proches suivantes de Śrī Rādhā et, sous leur conduite, servir cette dernière avec constance. Là réside la plus sublime des voies pour ceux qui pratiquent le service de dévotion sous la protection de Śrī Caitanya Mahāprabhu. Śrīla Bhaktisiddhānta Sarasvatī Ṭhākura, dans ses écrits, ajoute que même les grands sages et grands dévots tels que Nārada et Sanaka, n'ont pas la possibilité de se baigner dans les eaux du Rādhā-kuṇḍa; que dire alors des dévots ordinaires?

Celui qui a l'heureuse fortune de se rendre au Rādhā-kuṇḍa et de s'y baigner, même une seule fois, peut alors développer un amour transcendantal pour Kṛṣṇa, dans l'exact sentiment des *gopīs*. Il est également recommandé d'habiter sur les rives du Rādhā-kuṇḍa et de s'absorber en ce lieu dans le service d'amour offert au Seigneur; qu'on s'y baigne régulièrement, et qu'on abandonne tout concept d'ordre matériel en cherchant refuge auprès de Śrī Rādhā et de ses assistantes, les *gopīs*. L'être qui demeure ainsi absorbé, sans cesse, la vie entière, retournera certes au royaume de Dieu après avoir quitté son corps et il obtiendra d'y servir Śrī Rādhā de la même manière dont il le fit sa vie durant, dans sa méditation sur les rives du Rādhā-kuṇḍa. En conclusion, vivre sur les berges du Rādhā-kuṇḍa et s'y baigner chaque jour constitue la plus haute perfection du service de dévotion. C'est là une position difficile à atteindre même pour les grands sages et grands dévots tels que Nārada. Ainsi, les gloires de Śrī Rādhā-kuṇḍa ne connaissent pas de limite. En servant le Rādhā-kuṇḍa, on peut avoir l'opportunité de devenir une assistante de Śrīmatī Rādhārāṇī et de La servir sous la conduite éternelle des *gopīs*.

Appendices

L'auteur

Śrī Śrīmad A.C. Bhaktivedanta Swami Śrīla Prabhupāda est né en 1896 à Calcutta, en Inde. Sa première rencontre avec son maître spirituel, Śrīla Bhaktisiddhānta Sarasvatī Gosvāmī, eut lieu à Calcutta en 1922. Bhaktisiddhānta Sarasvatī, célèbre chef religieux et fondateur de la mission Gauḍīya Maṭha (qui comptait 64 temples et instituts védiques) eut spontanément beaucoup d'affection pour ce jeune Bengali éduqué. Il réussit à le convaincre de dédier sa vie à enseigner le savoir védique. Tout d'abord étudiant auprès de son maître, Śrīla Prabhupāda reçut de lui en 1933 l'initiation spirituelle et devint son disciple.

Lors de leur première rencontre en 1922, Śrīla Bhaktisiddhānta Sarasvatī demande à Śrīla Prabhupāda de propager le savoir védique en anglais à travers le monde. Les années suivantes Śrīla Prabhupāda écrit un commentaire sur la *Bhagavad-gītā*, assiste la mission Gauḍīya Maṭha et fonde en 1944 un magazine bimensuel, le «*Back to Godhead*» en langue anglaise. Seul dans toutes les étapes de production de ce magazine, Śrīla Prabhupāda rédige les articles, les corrige, les typographie, vérifie les épreuves avant l'impression et distribue lui-même les revues une par une. Soixante-quinze ans plus tard, le magazine est toujours imprimé et distribué par ses disciples.

En 1950, Śrīla Prabhupāda se retire de la vie de famille, vouant ainsi plus de temps à ses études et à ses écrits. Il part vivre dans la ville sainte de Vṛndāvana et s'établit dans de très humbles conditions dans le temple historique de Rādhā-Dāmodara. Il y passe des années, absorbé dans ses études et ses écrits. En 1959, il fait vœu de *sannyāsa*, renonçant ainsi définitivement à la vie de famille. C'est pendant cette période qu'il se consacre à l'œuvre de sa vie, la traduction et les commentaires des 18 000 versets du *Śrīmad-Bhāgavatam*. Il écrit aussi un petit ouvrage intitulé «*Easy Journey to Other Planets*» (*Antimatière et Éternité*).

Après avoir imprimé trois volumes de ce *Bhāgavatam*, Śrīla Prabhupāda part pour les États-Unis en septembre 1965 afin de mener à bien la mission de son maître spirituel. Par la suite, il traduit, commente avec autorité et imprime plus de 50 volumes des grands classiques religieux et philosophiques de l'Inde.

Arrivé par cargo aux USA pour la première fois, Śrīla Prabhupāda se retrouve sans un sou à New York. Au terme d'une année de grande difficulté il fonde enfin l'*International Society for Krishna Consciousness* en juillet 1966. Avant de quitter ce monde le 14 novembre 1977, il est témoin de l'essor considérable du Mouvement mondial qu'il a créé et inspiré spirituellement. Maintenant constitué de plus de 100 temples, ashrams, écoles, instituts et communautés rurales, ce Mouvement ne cesse de prendre de l'expansion en divers endroits de la planète.

En 1972, Śrīla Prabhupāda avait commencé à introduire le système védique d'éducation, primaire et secondaire appelé *gurukula*, en fondant la première école à Dallas au Texas. Depuis, ses disciples ont établi d'autres *gurukulas* aux États-Unis et en divers endroits du monde.

Śrīla Prabhupāda est aussi celui qui a inspiré la construction de plusieurs grands temples et projets en Inde. À Śrīdhāma Māyāpur, dans le Bengale de l'Ouest, ses disciples ont entamé il y a cinquante ans la construction d'une ville spirituelle centrée autour d'un temple magnifique, projet ambitieux, en expansion constante et pour de nombreuses années à venir. À Vṛndāvana, il fonda le temple Kṛṣṇa-Balarāma ainsi qu'une hôtellerie internationale et une école *gurukula*. Ses disciples lui consacreront ensuite un mémorial et un musée. D'autres projets tels que temples et centres culturels poussent à Mumbai, New Delhi, Ahmedabad, Siliguri, et Ujjain. D'autres centres sont à l'étude en de nombreux endroits du sous-continent indien et à travers le monde.

Mais la contribution principale de Śrīla Prabhupāda est littéraire. Les nombreux livres qu'il a écrits – traduits dans plus de 80 langues – sont étudiés dans plusieurs universités et hautement respectés par indianistes et chercheurs pour leur autorité, leur profondeur et leur clarté. Le *Bhaktivedanta Book Trust*, fondé en 1972 pour publier les œuvres de Śrīla Prabhupāda, est devenu en quelques décennies la plus grosse maison d'édition au monde dans le domaine de la philosophie et de la religion indienne. Malgré son âge avancé, Śrīla Prabhupāda fit quatorze fois le tour du globe en seulement douze années, transmettant ses enseignements lors de nombreuses conférences sur les six continents. Lors de ses voyages, malgré un emploi du temps très chargé, il n'a jamais cessé d'écrire. Ses écrits prolifiques constituent à eux seuls une véritable librairie dans les domaines de la philosophie, de la religion, de la littérature et de la culture védiques.

L'histoire de Govindajī

Śrī Kṛṣṇa a vécu sur la planète il y a 5000 ans. Après Son départ, l'un de ses arrière-petits-fils, Vajranābha, voulut établir des temples et y installer des *mūrtis* à Son image. Il engagea donc un artisan. Suite à un premier essai, il demanda à Uttarā, sa grand-mère qui avait vu Kṛṣṇa, si la *mūrti* était ressemblante. Elle répondit que les pieds étaient semblables; cette *mūrti* devint Śrī Madana-Mohana. Vajranābha fit ensuite sculpter une deuxième *mūrti* dont le torse rappelait celui de Kṛṣṇa et qui devint Śrī Gopīnātha. Puis enfin une troisième, dont le visage était pareil à celui de Kṛṣṇa et qui devint Śrī Govindajī.

Au fil du temps, les *mūrtis* furent perdues. Mais vers l'année 1530, Rūpa Gosvāmī, l'auteur de ce livre, voulut, à la demande du Seigneur Caitanya, retrouver les lieux de divertissements de Kṛṣṇa lors de Son séjour sur la planète. Alors que Rūpa Gosvāmī résidait à Vṛndāvana, il entendit parler d'une vache qui, chaque jour, répandait son lait au sommet d'une petite colline. Intrigué, il eut l'idée de creuser à cet endroit. Quel ne fut pas son étonnement d'y trouver une *mūrti* enfouie dans le sol. Grâce à son intuition et à son élévation spirituelle, il comprit qu'il s'agissait de Govindajī. Les gens de l'endroit apportèrent leur aide et plusieurs cérémonies furent accomplies en grande joie pour célébrer cette découverte. Quelques années plus tard, Mahārāja Man Singh, un riche roi, fit construire un temple d'une architecture remarquable pour Govindajī.

À environ 1300 kilomètres de là, en Orissa, se touvait une *mūrti* de Śrīmatī Rādhārāṇī. Vers 1630, le roi de l'Orissa apprit l'existence de Govindajī et décida d'offrir la *mūrti* de Rādhārāṇī pour qu'Elle soit placée à Ses côtés. Śrīmatī Rādhārāṇī fut donc transportée avec soin jusqu'à Vṛndāvana et installée en grande pompe.

Le temple de Govindajī fut construit avec une pierre rouge de grande qualité et comptait sept étages. Un soir de l'année 1670, l'empereur de l'empire Moghol (Aurangzeb) vit de loin le temple alors qu'une lampe imposante y scintillait. Jaloux, il ne pouvait accepter qu'un bâtiment soit plus haut et plus beau que son palais ; il envoya donc ses soldats pour le détruire.

Avertis de l'arrivée des soldats, les dévots s'enfuirent, emportant les *mūrtis* avec eux. Ils se réfugièrent à Kāmyavana non loin de là. Entre-temps, les soldats détruisirent le temple en commençant par les étages du haut. Alors qu'il ne restait que trois étages, la terre se mit à trembler, si fort que les soldats eurent très peur et s'enfuirent pour ne jamais revenir. Encore aujourd'hui, on peut voir ce temple de Govindajī à Vṛndāvana et de nombreux pèlerins s'y rendent chaque année.

Les dévots qui s'étaient enfuis ne revinrent pas à Vṛndāvana mais restèrent à Kāmyavana pendant trente-trois années. Ils s'occupaient chaque jour avec grande dévotion des *mūrtis* de Rādhā-Govindajī. Ils se déplacèrent plus tard vers l'ouest, et en 1712 atteignirent la ville d'Amber située à quelque 200 kilomètres de Vṛndāvana. Un riche roi, Mahārāja Jai Singh, décida alors de faire construire un palais et d'y adorer les *mūrtis*. Il créa en fait toute une ville sur une période de quinze années avec 55 000 ouvriers. Ainsi fut fondée la ville de Jaipur qu'on appela «la ville de la victoire». La pierre choisie pour la construction du palais était d'une couleur rosée et pour cette raison la ville de Jaipur fut aussi nommée «la ville rose». Le temple fut donc prêt à accueillir les *mūrtis* vers l'année 1727. La ville de Jaipur est aujourd'hui la capitale du Rajasthan et, chaque jour, plusieurs centaines de dévots et visiteurs rendent hommage à Govindajī.

À Vṛndāvana, de nouvelles *mūrtis* de Rādhā-Govindajī furent installées, mais n'étant pas les *mūrtis* originales, on les qualifie de *pratibhūs*. Les *mūrtis* de Madana-Mohana et de Gopīnātha furent aussi retrouvées et installées à Vṛndāvana mais, en 1670, elles furent également transférées pour finalement se retrouver à Karauli et Jaipur respectivement. On peut aujourd'hui simultanément les voir à Vṛndāvana sous la forme de *mūrtis pratibhūs*, chacune dans leur temple respectif.

Les Éditeurs

Glossaire

Abhakta : Quiconque ignore ou refuse les principes du service de dévotion, par opposition au *bhakta*.

Ācārya (littéralt : qui enseigne par son exemple) : Maître spirituel authentiquement qualifié. Il doit appartenir à une filiation spirituelle remontant à Dieu, la Personne Suprême, et ainsi transmettre, sans le trahir, Son message originel. Il montre à tous les êtres comment suivre la voie du Seigneur, Śrī Kṛṣṇa, et sa vie est l'exemple même de son enseignement. (Dans un sens moins spécifique, on trouve ce mot utilisé pour certains personnages qui ont tenu le rôle de précepteur et ont eu des disciples sous leur tutelle.)

Arjuna : Ami, disciple et dévot de Kṛṣṇa.

Āśrama : 1) Chacune des quatre étapes de la vie spirituelle. (Voir **Brahmacarya**, **Gṛhastha**, **Vānaprastha** et **Sannyāsa**) Ces quatre étapes permettent à l'homme de réaliser pleinement son identité spirituelle avant qu'il ne quitte son corps. (Voir **Varṇāśrama-dharma**) 2) Hutte située dans un endroit solitaire et servant de lieu de méditation. 3) Tout lieu où l'on pratique la recherche de la réalisation spirituelle.

Asura : 1) Quiconque n'applique pas les enseignements

des Écritures et se donne pour seul but de toujours jouir plus des plaisirs de ce monde. Plus il s'attache à la matière, plus il tend à être démoniaque et à refuser l'existence de Dieu. 2) Être nettement démoniaque, qui s'oppose directement aux principes de la religion et à Dieu. 3) Monstre malfaisant, tel qu'il en existait sur terre à l'époque où Kṛṣṇa y est apparu.

Avatāra (littéralt : qui descend) : Dieu, l'une de Ses émanations plénières ou l'un de Ses représentants, «descendu» du monde spirituel dans l'univers matériel pour y rétablir les principes de la religion.

Bhagavad-gītā (Le Chant du Seigneur) : Dialogue entre Śrī Kṛṣṇa et Arjuna, plus tard porté par écrit par l'*avatāra* Vyāsadeva. Le sujet en est la connaissance de la Vérité Absolue, de la condition originelle, naturelle et éternelle de tous les êtres distincts, de la nature cosmique, du temps et de l'action. Elle forme l'essence de tous les Textes védiques et l'étude préliminaire au *Śrīmad-Bhāgavatam*.

Bhakta, ou *vaiṣṇava* : Spiritualiste de l'ordre le plus élevé (voir **Yogī**), adepte du *bhakti-yoga*, ou dévot du Seigneur Suprême. Il s'attache à l'aspect personnel, suprême, de la Vérité Absolue.

Bhakti : Amour et dévotion pour le Seigneur que caractérise l'engagement des sens de l'être distinct au service des sens du Seigneur.

Bhakti-rasāmṛta-sindhu (L'Océan du nectar de la dévotion) : Œuvre maîtresse de Śrīla Rūpa Gosvāmī, où il traite en détail de la science du service de dévotion.

Bhaktisiddhānta Sarasvatī : Maître spirituel de Śrī Śrīmad A.C. Bhaktivedānta Swami Prabhupāda.

Bhaktivinoda Ṭhākura : Grand *ācārya* dans la lignée de Caitanya Mahāprabhu. Père de Bhaktisiddhānta Sarasvatī et pionnier du Mouvement pour la Conscience de Kṛṣṇa en Occident.

Bhakti-yoga (service de dévotion) : Voie du développement de la *bhakti*, de l'amour de Dieu, en son état pur, sans la moindre teinte d'action intéressée (karma) ou de spéculation philosophique (*jñāna*). Il constitue l'étape finale du yoga tel que l'enseigne la *Bhagavad-gītā*, et se pratique par l'abandon de soi au Seigneur Suprême, Śrī Kṛṣṇa, à travers les neuf activités dévotionnelles (voir p.31) et sous la direction d'un *ācārya*.

Brahmacārī : 1) Celui qui vit selon les normes du *brahmacarya*. (Voir **Brahmacarya**) 2) Homme marié qui observe les normes védiques de la vie conjugale.

Brahmacarya : Première étape de la vie spirituelle (voir **Āśrama**); période de célibat, de continence et d'étude sous la tutelle d'un maître spirituel qualifié.

Brahman, ou *brahmajyoti* : Radiance émanant du corps absolu de Śrī Kṛṣṇa (Bhagavān) et représentant l'aspect impersonnel de la Vérité Absolue, ou le premier niveau de réalisation de l'Absolu.

Brāhmaṇas : Sages et érudits qui guident la société; leur groupe constitue l'un des quatre *varṇas*. (Voir **Varṇa**)

Caitanya-caritāmṛta : Œuvre de Kṛṣṇadāsa Kavirāja décrivant la vie et les enseignements de Śrī Caitanya Mahāprabhu.

Caitanya Mahāprabhu : *Avatāra* venu en Inde il y a 500 ans, pour répandre le chant des saints noms de Dieu, le meilleur moyen de se réaliser spirituellement dans cet âge. Bien qu'Il fût en réalité Kṛṣṇa Lui-même, Il joua le rôle d'un dévot afin de nous montrer comment raviver notre amour pour Dieu.

Conscience de Kṛṣṇa : 1) La conscience de Kṛṣṇa, ou le fait d'être conscient de Kṛṣṇa, de Le connaître, de méditer sur Lui, d'agir pour Lui, de répandre Ses gloires. 2) La Conscience de Kṛṣṇa, ou le Mouvement pour la Conscience de Kṛṣṇa, avec ses cadres, ses lois et ses principes.

Danse rāsa (*rāsa-līlā*) : Le plus haut de tous les divertissements de Kṛṣṇa, manifestés lorsqu'Il était sur Terre il y a cinq mille ans. Il dansa alors, dans la forêt de Vṛndāvana, avec Rādhārāṇī et toutes les autres *gopīs* (voir **Gopīs**), Se faisant simultanément le cavalier de chacune d'entre elles. N'ont accès à la compréhension de ce divertissement sublime que les purs dévots du Seigneur. Quiconque tente d'en percer le mystère sans posséder cette qualité ne réussira qu'à s'égarer lui-même et à tromper autrui.

Déesse de la fortune : Voir **Lakṣmī**

Deva : 1) Être vertueux, serviteur de Dieu. 2) Être que le Seigneur a doté du pouvoir de régir un secteur de la création universelle comme le soleil, les pluies, ou le feu, et de veiller ainsi aux besoins de tous les hommes. 3) Habitant des planètes édéniques. 4) Dieu, la Personne Suprême.

Dharma : 1) « Religion », fonction naturelle et éternelle de l'être distinct, qui est de suivre les lois établies par Dieu, et de Le servir avec amour et dévotion. 2) Autre nom pour les différents devoirs religieux, sociaux et familiaux de l'homme. 3) Qualité inhérente à un objet donné.

Écritures révélées, ou Écritures (*śāstras*) : Renvoient aux Écrits védiques en général (*śruti*) ou à tout autre Écrit faisant autorité en matière de science spirituelle (*smṛti*), c'est-à-dire expliquant de façon *paramparā* (voir **Paramparā**) la nature de l'Être Suprême, de l'âme distincte et du lien éternel qui les unit.

Écritures védiques (*Vedas*) : Elles comprennent les quatre *Vedas* (le *Ṛk*, le *Yajus*, le *Sāma* et l'*Atharva*), les cent huit *Upaniṣads* qui constituent leur partie philosophique, et leurs compléments soit les dix-huit *Purāṇas*, le *Mahābhārata* (dont fait partie la *Bhagavad-gītā*), le *Vedānta-sūtra* et le *Śrīmad-Bhāgavatam*. L'*avatāra* Vyāsadeva a compilé, voici 5000 ans, toute la connaissance spirituelle, émise à l'origine par Kṛṣṇa Lui-même et transmise jusqu'alors par voie orale. (Y appartient également tout autre Écrit *paramparā* (voir **Paramparā**), tel que le *Rāmāyaṇa*, le *Bhakti-rasāmṛta-sindhu*, le *Caitanya-caritāmṛta* et la *Brahma-saṁhitā*.

Ekādaśī : Jour sacré survenant deux fois dans le mois (le onzième jour du déclin de la lune, puis de la croissance de la lune) au cours duquel les Écritures recommandent, entre autres observances, de jeûner (ou au moins de s'abstenir de manger toute céréale ou légumineuse) et de minimiser les soins apportés au corps afin de consacrer davantage de temps à l'écoute et au chant, ou au récit, des gloires du Seigneur.

Énergie externe (*bahiraṅga-śakti*) : L'une des trois principales énergies du Seigneur (interne, marginale et externe). Elle est constituée de l'énergie matérielle.

Énergie interne (*antaraṅga-śakti*) : L'une des trois principales énergies du Seigneur (interne, marginale et externe). Elle constitue le monde spirituel.

Énergie marginale (*taṭastha-śakti*) : L'une des trois principales énergies du Seigneur (interne, marginale et externe). Elle est constituée par les êtres vivants, parties infimes de Dieu qui, bien que de nature spirituelle, peuvent, à cause de leur pouvoir limité, tomber sous l'influence de l'énergie matérielle.

Énergie matérielle, énergie inférieure, ou nature matérielle (*aparā-prakṛti*) : L'une des deux principales énergies du Seigneur (spirituelle et matérielle). Elle est formée par les vingt-quatre éléments matériels (les cinq éléments bruts, les trois éléments subtils, les cinq objets des sens, les cinq organes de perception, les cinq organes d'action et l'ensemble des trois *guṇas* à l'état non manifesté), et constitue l'univers où nous vivons. Les interactions de ces éléments s'opèrent sous l'influence du temps et au contact de l'énergie spirituelle du Seigneur, dont elle se distingue en ce qu'elle est tantôt manifestée, tantôt non manifestée.

Énergie spirituelle, ou énergie supérieure (*parā-prakṛti*) : L'une des deux principales énergies du Seigneur (spirituelle et matérielle). Elle est l'énergie vivante, toute d'éternité, de connaissance et de félicité (*sac-cid-ānanda*) qui constitue le monde spirituel et anime l'énergie matérielle.

Filiation spirituelle, ou succession disciplique (*paramparā*) : Succession de maîtres spirituels qui ont transmis, sans l'altérer, l'enseignement originel du Seigneur jusqu'à nos jours.

Gopis: Jeunes villageoises, compagnes de Kṛṣṇa à Vṛndāvana. En raison de leur pur amour pour Lui, elles incarnent la plus haute dévotion au Seigneur.

Gosvāmī, ou *svāmī*: 1) Gosvāmī: Celui qui maîtrise parfaitement ses sens et son mental. 2) Gosvāmīs: Chacun des six grands sages de Vṛndāvana, proches disciples de Caitanya Mahāprabhu: Rūpa Gosvāmī, Sanātana Gosvāmī, Raghunātha Bhaṭṭa Gosvāmī, Jīva Gosvāmī, Gopāla Bhaṭṭa Gosvāmī et Raghunātha Dāsa Gosvāmī. Ils contribuèrent à poursuivre la mission de Śrī Caitanya Mahāprabhu et élaborèrent Son enseignement à travers de nombreux écrits sur la science du service de dévotion. 3) Sert parfois de titre, accompagnant le nom de sages et maîtres spirituels.

Gṛhastha: 1) Seconde étape de la vie spirituelle (voir **Āśrama**); période de vie familiale et sociale en conformité avec les Écritures. 2) Celui qui vit selon les normes de cet *āśrama*.

Guṇas: Au nombre de trois: *sattva-guṇa* (Vertu), *rajo-guṇa* (Passion) et *tamo-guṇa* (Ignorance). Il s'agit des diverses influences qu'exerce l'énergie matérielle sur les êtres et les choses. Les *guṇas* déterminent, entre autres, la façon d'être, de penser et d'agir de l'âme qu'ils conditionnent. C'est par leurs interactions que s'opèrent la création, le maintien et la destruction de l'univers. (Le mot a également le sens de «corde».)

Guru: Voir **Maître spirituel**

Hanumān: Pur *bhakta* au corps de singe, serviteur de l'*avatāra* Rāmacandra.

Impersonnaliste: 1) Autre nom pour **Māyāvādī**. 2) Partisan du monisme. 3) Celui qui ne voit la Vérité

Absolue que dans Ses énergies, et ne réalise par là que Son aspect impersonnel.

Janmāṣṭamī : Jour sacré, commémorant l'apparition de Śrī Kṛṣṇa à Vṛndāvana, il y a 5000 ans.

Jñāna (littéralt : connaissance) : 1) Savoir spirituel, ou connaissance qui permet de distinguer entre le corps de matière et l'âme spirituelle. 2) Recherche de la vérité sur le plan philosophique.

Jñānī, ou *jñāna-yogī* : 1) Celui qui possède le savoir spirituel. (Voir **Jñāna**) 2) Spiritualiste de troisième niveau (voir **Yogī**), adepte du *jñāna-yoga*.

Karma : 1) Loi de la nature selon laquelle toute action matérielle, bonne ou mauvaise, entraîne obligatoirement des conséquences, lesquelles ont pour effet d'enchaîner toujours davantage son auteur à l'existence matérielle et au cycle des morts et des renaissances. 2) Tout acte conforme aux règles du *karma-kāṇda*. (Voir **Karma-kāṇda**) 3) L'action, dans son acception la plus générale. 4) Les conséquences de l'action.

Karma-kāṇda : Partie des *Vedas* qui traite du mode d'action prescrit en vue d'obtenir divers plaisirs matériels.

Karmī : 1) Matérialiste ne cherchant qu'à atteindre le plaisir des sens par ses actes. Il n'obtient ainsi aucun autre résultat que de s'enchaîner davantage au cycle des morts et des renaissances. 2) *Karma-vādī*, ou adepte du *karma-yoga*, lequel aide celui qui le pratique à se défaire progressivement de toute souillure matérielle en lui apprenant à purifier ses actes.

Kīrtana : 1) Glorifier le Seigneur, l'une des neuf activités

spirituelles du service de dévotion. (Voir p.31)
2) Chant collectif des saints noms et des gloires de Dieu, généralement accompagné d'instruments divers. (Voir **Saṅkīrtana**)

Kṛṣṇa: Nom originel de Dieu, la Personne Suprême, dans Sa forme spirituelle première; signifie «l'Infiniment Fascinant».

Kṣatriyas: Administrateurs et hommes de guerre, protecteurs de la société; leur groupe constitue l'un des varṇas. (Voir **Varṇa**)

Lakṣmī, ou déesse de la fortune: Compagne éternelle du Seigneur dans Sa forme de Nārāyaṇa, sur les planètes Vaikuṇṭhas.

Mahājanas: Ce mot désigne «les plus grandes autorités en matière de spiritualité», ou «les pères de la religion». Les *mahājanas* sont au nombre de douze: Brahmā, Śiva, Nārada, Manu, Kumāra, Kapila, Prahlāda, Bhīṣma, Śukadeva Gosvāmī, Yamarāja, Janaka et Bali.

Mahā-mantra (littéralt: le grand mantra): Hare Kṛṣṇa, Hare Kṛṣṇa, Kṛṣṇa Kṛṣṇa, Hare Hare / Hare Rāma, Hare Rāma, Rāma Rāma, Hare Hare. Préconisé pour l'âge de Kali par Śrī Caitanya Mahāprabhu, qui n'est autre que le Seigneur Suprême, le *mahā-mantra* possède le pouvoir non seulement de libérer l'être conditionné de ses tendances matérielles, mais aussi d'éveiller en lui l'amour de Dieu et l'extase de la vie spirituelle.

Mahātmā (littéralt: grande âme): Celui qui comprend au plus profond de lui-même que Kṛṣṇa est tout et, de là, s'abandonne à Lui en s'absorbant tout entier dans le service de dévotion. Il est le plus grand des védantistes.

Maître spirituel (*guru*) : Âme réalisée qui a le pouvoir de guider les hommes sur le sentier de la réalisation spirituelle, et ainsi, de les affranchir du cycle des morts et des renaissances. Pour être parfaitement qualifié, il doit être un *ācārya*. (Voir **Ācārya**)

Mantra (de *mana* : mental, et *traya* : libération) : Vibration sonore spirituelle qui a pour effet de libérer l'être en purifiant le mental de ses souillures, de ses tendances matérielles.

Māyā (littéralt : ce qui n'est pas, l'illusion) : Énergie illusoire du Seigneur. Sous son influence, l'âme distincte se croit le maître de la création, le possesseur et le bénéficiaire suprême. S'identifiant alors à l'énergie matérielle, c'est-à-dire au corps, aux sens, au mental et à l'intelligence matériels, oubliant ensuite la relation qui l'unit à Dieu, l'âme devenue conditionnée par *māyā*, se lance dans la quête des plaisirs de ce monde et s'enchaîne par là de plus en plus au cycle des morts et des renaissances.

Māyāvādīs : On regroupe sous ce titre les partisans de diverses philosophies relevant toutes de l'une ou l'autre des deux grandes catégories qui sont l'impersonnalisme, ou śaṅkarisme (qui préconise l'identification au Brahman), et le nihilisme (aussi connu sous le nom de «philosophie du vide») apparenté au bouddhisme (qui nie l'existence et de l'âme et de Dieu). Mais on désignera plus généralement de ce nom ceux pour qui la Vérité Absolue est dépourvue de forme, de personnalité, d'intelligence, de sens…, et qui refusent donc l'existence de Dieu en tant que Personne Suprême, ou qui croient la forme et les actes du Seigneur Suprême soumis à l'influence de *māyā*, l'énergie matérielle illusoire. (Le mot peut revêtir une forme adjectivale et signifie alors «propre aux *māyāvādīs*».)

Mūrti, *arcā-vigraha*, ou forme *arcā* : Manifestation de la forme personnelle de Dieu à travers certains matériaux déterminés telle qu'on la trouve dans les temples. Kṛṣṇa, créateur et maître de tous les éléments matériels, apparaît dans la forme de la *mūrti* (qui doit être installée par un maître spirituel qualifié) pour permettre à ceux dont les sens ne sont pas encore purifiés de toute souillure matérielle de Le contempler et de Le servir.

Narottama Dāsa Ṭhākura : *Ācārya* et poète *vaiṣṇava*, chaînon de la succession disciplique.

Nityānanda Prabhu : Manifestation de Balarāma, *avatāra* qui joue le rôle du maître parfait, compagnon éternel de Śrī Caitanya Mahāprabhu.

Paramahaṁsa (de *parama* : suprême, et *haṁsa* : cygne) : Le plus élevé de tous les êtres réalisés, ou celui qui, tel un cygne, capable, dans un mélange d'eau et de lait, de ne boire que le lait. Partout, il ne voit que le Seigneur en qui il s'absorbe pleinement.

Paramparā : On dit d'un guide spirituel, d'un écrit, d'un enseignement, d'une connaissance, qu'ils sont *paramparās* lorsqu'ils s'accordent avec les Textes sacrés et les maîtres d'une filiation spirituelle authentique, remontant au Seigneur Suprême, source du savoir. (Voir **Filiation spirituelle**)

Parīkṣit Mahārāja : Grand roi des temps védiques. N'ayant plus que sept jours à vivre, il se prépara à la mort en écoutant le *Śrīmad-Bhāgavatam* des lèvres de Śukadeva Gosvāmī.

Pieds pareils-au-lotus : On dit de Kṛṣṇa qu'Il a des pieds pareils-au-lotus pour indiquer que : 1) Ses pieds ne quittent jamais Kṛṣṇaloka qui ressemble à une fleur de lotus. 2) Les doigts de Ses pieds rappellent des pétales de lotus. 3) La plante de Ses pieds est du rouge de la fleur de lotus et porte en outre la marque d'un lotus. 4) La beauté, la douceur et la fraîcheur de Ses pieds rappellent celles du lotus. On dit aussi de Kṛṣṇa, mais également de Ses émanations et de Ses représentants, les purs *bhaktas*, qu'ils ont des pieds pareils-au-lotus pour indiquer que, semblables à la fleur de lotus qui n'est jamais mouillée bien qu'elle se trouve sur l'eau, ou même dans l'eau, ils ne sont jamais souillés par l'énergie matérielle, par *māyā*, même lorsqu'ils entrent en contact avec elle.

Prahlāda Mahārāja : Grand dévot du Seigneur que Celui-ci, dans Sa forme de Nṛsiṁha (l'*avatāra* mi-homme, mi-lion) sauva des persécutions de son père démoniaque, le roi Hiraṇyakaśipu. Il appartient également au groupe des douze *mahājanas*. (Voir **Mahājanas**)

Prasāda (littéralt : grâce, miséricorde) : Généralement, nourriture d'abord offerte au Seigneur. Kṛṣṇa, parce qu'Il accepte cette nourriture offerte avec amour et dévotion, la consacre et lui donne ainsi le pouvoir de purifier ceux qui en partagent les reliefs. Une telle nourriture n'est pas différente de Kṛṣṇa Lui-même. On peut également désigner sous ce nom toute manifestation de la grâce du Seigneur.

Pur bhakta : Celui qui, libre de tout attachement pour les fruits de ses actes (karma) et pour la connaissance spéculative (*jñāna*), se voue corps et âme au service du Seigneur, atteignant ainsi la perfection de la dévotion à Dieu et le sommet de la réalisation spirituelle.

Rāmacandra : *Avatāra*, exemple du souverain parfait.

Rasa (littéralt : doux sentiment) : Mot servant à désigner la relation spirituelle qui unit l'âme pure au Seigneur Suprême. On compte cinq *rasas* principaux (neutralité, servitude, amitié, affection parentale et sentiments amoureux).

Rāsa-līlā : Voir **Danse rāsa**

Sādhu (littéralt : sage, ou saint homme) : On désigne sous ce nom celui qui, pour s'être entièrement voué au service du Seigneur Suprême, Śrī Kṛṣṇa, fait preuve de la plus grande sagesse.

Samādhi (littéralt : absorption du mental) : 1) État d'extase parfaite atteint par l'absorption totale dans la conscience de Kṛṣṇa. 2) Dernière des huit étapes de l'*aṣṭāṅga-yoga*, qui correspond à la réalisation spirituelle.

Saṅkīrtana : Toute activité qui vise à répandre les gloires de Dieu pour le bénéfice de tous. Sa principale manifestation consiste dans le chant public des saints noms du Seigneur, toujours accompagné de danse et de distribution de *prasāda*. (Voir **Prasāda**) Les Écritures védiques affirment que le *saṅkīrtana* est la seule méthode capable d'enrayer les influences dégradantes de l'âge de Kali.

Sannyāsa : 1) Renoncement aux fruits de l'acte dans l'accomplissement du devoir. 2) Quatrième et dernière étape de la vie spirituelle (voir **Āśrama**); renoncement total à toute vie familiale ou sociale dans le but de maîtriser parfaitement les sens et le mental, et de s'engager pleinement dans le service de Kṛṣṇa.

Sannyāsī: 1) Le dévot de Kṛṣṇa, qui renonce à tout pour servir le Seigneur. 2) Celui qui vit selon les normes du *sannyāsa*. (Voir **Sannyāsa**)

Śāstras: Voir **Écritures révélées**

Sens: Les cinq sens: l'ouïe, le toucher, la vue, le goût et l'odorat. Mais aussi, dans une conception plus large, les dix organes des sens: cinq de perception (les oreilles, la peau, les yeux, la langue et le nez) et cinq d'action (la bouche, les bras, les jambes, les organes génitaux et l'anus). Parfois, on parle également d'un onzième sens, le mental.

Service de dévotion: Voir **Bhakti-yoga**

Śrīmad-Bhāgavatam, *Bhāgavata Purāṇa*, ou *Mahā-Purāṇa*: Écrit védique relatant les divertissements éternels de Kṛṣṇa, le Seigneur Suprême, et de Ses purs dévots. Il constitue le commentaire originel (par son auteur Vyāsadeva) du *Vedānta-sūtra*, et est dit être la crème de toutes les Écritures védiques.

Śūdras: Ouvriers et artisans assistant les membres des autres *varṇas*. (Voir **Varṇa**)

Śukadeva Gosvāmī: Fils de Vyāsadeva, il reçut de son père l'enseignement du *Śrīmad-Bhāgavatam* alors qu'il était encore dans le sein de sa mère, et le transmit plus tard au roi Parīkṣit. Il appartient également au groupe des douze *mahājanas*. (Voir **Mahājanas**)

Svāmī: Autre nom pour Gosvāmī. (Voir **Gosvāmī**)

Univers: 1) L'entière manifestation matérielle, qui compte d'innombrables univers. 2) Sphère close entourée de sept couches de matière renfermant quatorze systèmes planétaires, comptant chacun d'innombrables planètes.

Vaidhi bhakti : Première étape de la pratique du service de dévotion. (Voir **Service de dévotion**) Elle consiste à suivre les principes régulateurs de cette pratique selon les normes scripturaires et sous la direction d'un maître spirituel authentique.

Vaiṣṇava : 1) Celui qui voue sa vie à Viṣṇu, ou Kṛṣṇa, le Seigneur Suprême, autre nom pour **Bhakta**. 2) Propre aux *vaiṣṇavas* (forme adjectivale).

Vaiṣṇavisme : La doctrine *vaiṣṇava*, qui voit toute chose dans son lien avec Viṣṇu, ou Dieu, et veut que l'on agisse en accord avec cette vision.

Vaiśyas : Agriculteurs et commerçants; ils pourvoient aux nécessités vitales de la société et veillent à la protection des animaux, et plus particulièrement de la vache. Leur groupe constitue l'un des *varṇas*. (Voir **Varṇa**)

Vānaprastha : 1) Troisième étape de la vie spirituelle (voir **Āśrama**); période de pèlerinage en divers lieux sacrés, pour se détacher de la vie familiale et sociale et se préparer ainsi au *sannyāsa*. 2) Celui qui vit selon les normes de cet *āśrama*.

Varṇa : Chacune des quatre divisions de la société selon les fonctions naturelles qu'y remplissent ses membres. (Voir **Brāhmaṇas, Kṣatriyas, Vaiśyas** et **Śūdras**) L'équilibre et l'harmonie au sein de la société dépendent du respect de ces quatre divisions universelles. (Voir **Varṇāśrama-dharma**)

Varṇāśrama, ou *varṇāśrama-dharma* : Institution védique respectant la division naturelle de la société en quatre *varṇas* et *āśramas*. (Voir **Varṇa** et **Āśrama**)

Varṇāśrama-dharma : Autre nom pour l'institution du *varṇāśrama*. (Voir **Varṇāśrama**)

Vedas : 1) Le *Veda* originel, divisé en quatre parties (le *Ṛk*, le *Yajus*, le *Sāma* et l'*Atharva*). 2) Autre nom pour les **Écritures védiques** prises dans leur ensemble.

Yoga (littéralt : union avec l'Absolu, Dieu) : 1) Toute méthode qui permet de maîtriser le mental et les sens et d'unir l'être distinct à l'Être Suprême, Śrī Kṛṣṇa. 2) Autre nom pour l'*aṣṭāṅga-yoga*, ou yoga en huit parties, visant à acquérir diverses perfections surnaturelles.

Yogī : 1) Spiritualiste de premier, deuxième ou troisième niveau, qui correspondent respectivement au *bhakta*, au *yogī* (voir **Yogī**) et au *jñānī* (voir **Jñānī**). 2) Spiritualiste de second niveau, adepte de l'*aṣṭāṅga-yoga* (voir **Yogī**) ou d'un de ses dérivés. 3) Adepte du yoga, dans son acception la plus générale.

Guide de prononciation du sanskrit

À travers les siècles, la langue sanskrite a été écrite dans toute une variété d'alphabets. Cependant, le mode d'écriture le plus largement utilisé dans l'Inde entière est le *devanāgarī*, terme qui signifie littéralement l'écriture en usage «dans les cités des *devas*». L'alphabet *devanāgarī* consiste en quarante-huit caractères: 13 voyelles et 35 consonnes. Les grammairiens sanskritistes de l'Antiquité ont agencé cet alphabet selon des principes linguistiques pragmatiques reconnus par tous les érudits occidentaux. Le système de translittération utilisé dans le présent ouvrage est conforme à celui que les linguistes ont adopté depuis les cinquante dernières années pour indiquer la prononciation des mots sanskrits.

Les voyelles

अ a   आ ā   इ i   ई ī   उ u   ऊ ū   ऋ ṛ
ॠ ṝ   ऌ ḷ   ए e   ऐ ai   ओ o   औ au

Les consonnes

Gutturales :   क ka   ख kha   ग ga   घ gha   ङ ṅa

Palatales :   च ca   छ cha   ज ja   झ jha   ञ ña

Cérébrales :	ट	ṭa	ठ	ṭha	ड	ḍa	ढ	ḍha	ण ṇa
Dentales :	त	ta	थ	tha	द	da	ध	dha	न na
Labiales :	प	pa	फ	pha	ब	ba	भ	bha	म ma
Semi-voyelles :	य	ya	र	ra	ल	la	व	va	
Sifflantes :	श	śa	ष	ṣa	स	sa			

Aspirée : ह ha Anusvāra : ṁ Visarga : ḥ

Les chiffres

० – 0 १ – 1 २ – 2 ३ – 3 ४ – 4 ५ – 5 ६ – 6 ७ – 7 ८ – 8 ९ – 9

Les voyelles prennent une forme différente lorsqu'elles suivent une consonne :

ा ā ि i ी ī ु u ू ū ृ ṛ ॄ ṝ े e ै ai ो o ौ au

Exemples : क ka का kā कि ki की kī कु ku कू kū

कृ kṛ कॄ kṝ कॢ kḷ के ke कै kai को ko कौ kau

Généralement, deux consonnes ou plus qui se suivent s'écrivent de façon spéciale. Exemples : क्ष kṣa त्र tra

La voyelle a est sous-entendue après une consonne qui n'est pas suivie de voyelle.

Le signe virāma (्) indique qu'il n'y a pas de voyelle finale : क्

Avagraha : ऽ ' (apostrophe)

Les voyelles se prononcent comme suit :

a — comme le **o** de robe. ṛ — (r roulé) entre le **ri** de
ā — comme dans pâtre. **riz** et le **re** de **rebelle**.

i — comme dans p**i**c.

ī — comme dans cr**i**.

u — comme dans b**ou**le.

ū — comme dans l**ou**p.

ṛ — (r roulé) entre le **ri** de
riz et le **re** de **re**belle.

ḷ — entre **lri** et **lre**.

e — comme dans cl**é**.

ai — comme dans **ai**l.

o — comme dans p**o**t.

au — par la combinaison
du **a** immédiatement
suivi du son **ou**.

Les consonnes se prononcent comme suit :

Gutturales

(se prononcent à
partir de la gorge)

k — comme dans **k**épi.

kh — comme dans **kh**ol
(en aspirant le **h**).

g — comme dans **g**ai.

gh — comme dans **gh**etto
(en aspirant le **h**).

ṅ — comme le **ng**
de Tcha**ng**.

Palatales

(en appuyant le milieu
de la langue contre la
partie antérieure du palais)

c — comme dans **tch**èque.

ch — même prononciation,
avec un **h** aspiré.

j — comme dans **dj**inn.

jh — même prononciation,
avec un **h** aspiré.

ñ — comme dans Ke**n**ya.

Cérébrales

(en appuyant le bout
de la langue contre la
partie antérieure du palais)

ṭ — comme dans **t**ube.

ṭh — comme dans **th**ym
(en aspirant le **h**).

ḍ — comme dans **d**îner.

ḍh — même prononciation,
avec un **h** aspiré.

Dentales

(en appuyant le bout de
la langue contre les dents)

t — comme dans **t**rop.

th — même prononciation,
avec un **h** aspiré.

d — comme dans **d**ivin.

dh — même prononciation,
avec un **h** aspiré.

n — comme dans **n**oix.

ṇ —comme dans Arnold.
    (se préparer à prononcer
    le **r**, et prononcer le **n**).

Labiales (se prononcent
 avec les lèvres)

p —comme dans **p**ain.
ph —même prononciation,
    avec un **h** aspiré.
b —comme dans **b**ain.
bh —même prononciation,
    avec un **h** aspiré.
m —comme dans **m**ère.

Sifflantes

ś —comme dans **sch**lamm.
ṣ —comme dans **ch**apeau.
s —comme dans soleil.

Anusvāra

ṁ —se prononce comme
    dans le **on** de bon
    (avec l'accent du midi).

Semi-voyelles

y —comme dans **y**oga.
r —comme dans **r**ien
    (**r** roulé).
l —comme dans **l**umière.
v —comme dans **v**ache.

Lettre aspirée

h —sont aspirés, comme
    dans **h**ousse.

Visarga

ḥ —en fin de ligne se
    prononce comme un
    h aspiré (ex: aḥ = aha
    et iḥ = ihi).

Dans la langue sanskrite, il n'existe aucune syllabe
tonique accentuée; le rythme y est déterminé par le flot
des syllabes courtes et des syllabes longues (les syllabes
longues sont soutenues deux fois plus longtemps que les
courtes). La syllabe longue est celle dont la voyelle est
longue (**ā, i, ū, ṝ, e, ai, o, au**) ou dont la voyelle courte
est suivie de plus d'une consonne. Les consonnes
aspirées (consonnes suivies d'un **h**) sont considérées
comme des consonnes simples.

Références

Bhagavad-gītā

Bhakti-rasāmṛta-sindhu (Rūpa Gosvāmī)

Bhakti-sandarbha (Jīva Gosvāmī)

Caitanya-caritāmṛta (Kṛṣṇadāsa Kavirāja)

Īśopaniṣad

Laghu-bhāgavatāmṛta (Rūpa Gosvāmī)

Muṇḍaka Upaniṣad

Prema-vivarta (Jagadānanda Paṇḍita)

Śikṣāṣṭaka (Caitanya Mahāprabhu)

Śrīmad-Bhāgavatam

Viṣṇu Purāṇa

Index des versets sanskrits

Cet index donne une liste complète des première et troisième lignes de chacun des versets sanskrits qu'on retrouve dans l'*Upadeśāmṛta*. Les chiffres indiquent le numéro du verset.

atyāhāraḥ prayāsaś ca, 2
bhuṅkte bhojayate caiva, 4
dadāti pratigṛhṇāti, 4
dṛṣṭaiḥ svabhāva-janitair vapuṣaś ca doṣair, 6
etān vegān yo viṣaheta dhīraḥ, 1
gaṅgāmbhasāṁ na khalu budbuda-phena-paṅkair, 6
jana-saṅgaś ca laulyaṁ ca, 2
karmibhyaḥ parito hareḥ priyatayā vyaktiṁ yayur, 10
kintv ādarād anudinaṁ khalu saiva juṣṭā, 7
kṛṣṇasyoccaiḥ praṇaya-vasatiḥ, 11
kṛṣṇeti yasya giri taṁ manasādriyeta, 5
rādhā-kuṇḍam ihāpi gokula-pateḥ, premāmṛtāplāvanāt 9
saṅga-tyāgāt sato vṛtteḥ, 3
śuśrūṣayā bhajana-vijñam ananyam anya-, 5
syāt kṛṣṇa-nāma-caritādi-sitāpy avidyā-, 7
tan-nāma-rūpa-caritādi-sukīrtanānu-, 8
tebhyas tāḥ paśu-pāla-paṅkaja-dṛśas tābhyo 'pi sā, 10
tiṣṭhan vraje tad-anurāgi janānugāmī, 8
utsāhān niścayād dhairyāt, 3
vāco vegaṁ manasaḥ krodha-vegaṁ, 1
vaikuṇṭhāj janito varā madhu-purī, rāsotsavād 9
yat preṣṭhair apy alam asulabhaṁ kiṁ, 11

Index général

Les chiffres en caractères gras renvoient aux versets et les chiffres en caractères normaux renvoient aux teneurs et portées.

A

Action
  Bhakti-rasāmṛta-sindhu (le) sur le but de l' : 33
Adhibautika-kleśa
  définition : 18
Adhidaivika-kleśa
  définition : 18
Adhyātmika-kleśa
  définition : 18
Agraha
  signification du mot : 24
Āgraha
  signification du mot : 23–24
Ahaṅkara
  signification du mot : 74
Âme
  comment elle peut réaliser sa position originelle : 83–84
  destinée (sa) après la mort, la *Bhagavad-gītā* sur : 80–81
Ānandamaya
  signification du mot : 32
Anartha
  signification du mot : 76
Anartha-nivṛtti
  signification : 76

Anusmṛti
  signification du mot : 83
Anyābhilāṣitā-śūnyam
  cité : 30, 64
Api cet sudurācāraḥ
  cité : 65
Aprākṛta-bhāva
  signification : **90**
Arcanā
  définition : 31
Arcāyām eva haraye
  cité : 53
Asat-saṅga-tyāga
  cité : 36
Association Internationale pour la Conscience de Kṛṣṇa, ou Mouvement pour la Conscience de Kṛṣṇa
  bases (ses) : 67
  raison d'être (sa) : 22
  rôle (son) : 27, 36–37, 42–43, 80
Aṣṭakālīya-līlā
  signification : **90**
Ataeva yāṅra mukhe eva kṛṣṇa nāma
  cité : 58

Athées
    compagnie (leur), doit être
        évitée: 48
Ātma-nivedana
    définition: 31
Ātma-tattva
    importance (l') de l': 94
    signification: 94
Atyāhāra
    signification du mot: 19, 21
Atyāhārīs
    description: 24
Avaśya rakṣibe kṛṣṇa
    cité: 35
Avidyā
    signification du mot: 72, 74
    suites (les) de l': 74
Avyabhicāriṇī-bhakti
    signification: 64

B

Bahūnāṁ janmanām ante
    cité: 95
Bhagavad-gītā
    comment l'accepter: 60–61
    conclusion (la) de la: 66–61
    destinée aux hommes de foi:
        61
    sur l'abandon à Kṛṣṇa: 95,
        103, 104
    sur la destinée de l'âme: 80
    sur le *bhakta*: 39, 66
    sur le destin des *karmīs*: 91
    sur les désirs des êtres: 43
    sur le service de dévotion:
        39, 64
    sur les hommes les plus
        déchus: 73
    sur l'importance du maître
        spirituel: 31–32

    sur l'univers matériel: 33
Bhajana-kriyā
    importance (l') de la: 76
    signification: 75–76
Bhakta(s)
voir également Vaiṣṇava
    6 (les) formes d'échanges
        entre: **41**, 41–42
    au niveau inférieur, *voir*
        Kaniṣṭha-adhikārī
    au niveau intermédiaire, *voir*
        Madhyama-adhikārī
    au niveau supérieur, *voir*
        Uttama-adhikārī
    Bhagavad-gītā (la) sur le: 39, 66
    compagnie (la) des, Narottama
        Dāsa Ṭhākura sur: 36
    différents (les), comment se
        comporter envers chacun:
        51–52, 52, 54, 59, 61–62,
        68–69
    différents (les), le *Caitanya-*
        caritāmṛta sur: 59–60
    différents (les), leur
        description: **51–52**, 52–55,
        59, 61–62
    est un *sādhu*: 6
    importance (l') de la
        compagnie des: 43, 46
    importance (l') des, Narottama
        Dāsa Ṭhākura sur: 36
    les plus élevés des: 96
    met tout au service du
        Seigneur: 34
    occupation (son): 65, **90**
    position (sa): 69
    position (sa), la *Bhagavad-gītā*
        sur: 38–39
    préfèrent le Rādhā-kuṇḍa à
        tout autre lieu de résidence:
        87

purification (la) du, ses étapes :
57
qualités (ses) : 40
Bhakta-sane vāsa
cité : 22
Bhakti-latā
signification : 32
Bhakti-rasāmṛta-sindhu
sur le but de l'action : 33
sur le pur service de dévotion :
30
Bhakti-sandarbha
sur l'initiation : 55
Bhaktisiddhānta Sarasvatī
sur le développement du
service de dévotion : 82
Bhakti-yoga
comment en atteindre la
perfection : 33
pur (le) : 65
Bhāva
signification du mot : 76
Bhava-mahā-dāvāgni-nirvapanam
cité : 75
Bhukti-kāmīs
compagnie (leur), doit être
rejetée : 24
Bhuṅkte bhojayate caiva
signification : 42
Brahmacārī
devoir (son) envers son maître
spirituel : 62
Brahmāṇḍa bhramite kona
bhāgyavān jīva
cité : 32

C

Caitanya-caritāmṛta
sur la Conscience de Kṛṣṇa :
77

sur la foi : 60
sur la position de Rādhārāṇī
et de son *kuṇḍa* : 98
sur l'attachement à Kṛṣṇa : 55
sur le pur amour de Kṛṣṇa : 44
sur les différents *bhaktas* : 57,
58, 60
sur le *vaiṣṇava* : 58
sur l'importance du maître
spirituel : 32
Caitanya Mahāprabhu
avènement (Son), le pourquoi
de : 96
colère (Sa) : 6
mission d'*avatāra* (Sa) : 58
nommé Patita-pāvana : 58
puissance (Sa) : 58
sur la nourriture : 48
sur la purification du
cœur : 44
sur le *vaiṣṇava* : 58
sur l'importance du maître
spirituel : 32
Capitalistes
et communistes, leurs conflits :
24–25
Ceto-darpana-mārjanam
cité : 44,74
Chant des saints noms
3 (les) phases du : 75
10 (les) offenses à éviter pour
qui l'adopte : 3, 75
comment l'accomplir : 61
nature (la) du : 57
puissance (la) du : 45, 61, 74, 75
seul remède à la confusion : 74
Śikṣāṣṭaka (le) sur le : 75
Cœur
comment le purifier : 45
purification (la) du, Caitanya
Mahāprabhu sur : 44–45

purification (la) du, le
    Śikṣāṣṭaka sur: 44–45
Colère (*krodha*)
    maîtrise (la) de la: 6
Colline Govardhana
    importance (l') de la: **86**, 86–87
Communistes
    et capitalistes, leurs conflits:
      24–25
Confiance
    importance (l') de la: 35
Connaissance
    2 (les) voies d'acquisition de
      la: 2
    comment la développer:
      31–32
    véritable (la), comment
      l'acquérir: 4
Conscience
    matérielle et de Kṛṣṇa,
      comparées: 64
    originelle de l'être (la),
      comment la raviver: 4, 43
Conscience de Kṛṣṇa
    Caitanya-caritāmṛta (le) sur la:
      77
    comment l'éveiller chez autrui:
      43
    comment l'éveiller en soi:
      44, 46
    comment s'élever au niveau
      de la: 4
    comment y progresser: *vi*, 58
    comparée à la lumière: 77
    début (le) de la: 42–43
    destinée aux *paramahaṁsas*: 67
    inhérente à chaque être: 44
    mariage (le) dans la: 7
    principes régulateurs (les) qui
      la régissent: 4, 35
    puissance (sa): 44, 83

remède unique à la confusion:
    74
solution au partage des biens:
    24–27
solution aux problèmes
    communistes et capitalistes:
    24–26

D

Dadāti
    description du principe de:
      46, 49
Dāsya
    signification du mot: 31
Dāsya-rasa
    description: 84
Désirs
    des êtres (les), la *Bhagavad-gītā*
      sur: 43
Dharma
    but (le) du: 20
    suprême (le), le *Śrīmad-*
      Bhāgavatam sur: 47
Dharmasya hy āpavargyasya
    cité: 21
Dieu
    comment Le réaliser: 75–76
    énergies (Ses): 91
Dīkṣā
    signification du mot: 56
Dīkṣā kāle bhakta ātmā samarpaṇa
    cité: 55
Divya-jñāna
    signification: 56
Divyaṁ jñānaṁ yato dadyāt
    cité: 55
Dṛṣṭa-śrutābhyāṁ yat pāpaṁ
    cité: 2
Durāśraya
    signification du mot: 73

Durātmā
   signification du mot: 40

E

Écritures védiques
   sur l'initiation: 56
Énergies
   matérielles fondamentales: 34
Enseignements
   quintessence (la) de tous
     les: **80**
Enthousiasme (*utsāha*)
   importance (l') de l': 33, 34
Existence
   · perfection (la) de l': 83
Existence matérielle
   comment s'en affranchir:
     21, 74
Expiation (*prāyaścitta*)
   formes diverses (les) d': 3–4
   Śrīmad-Bhāgavatam (le) sur
     l': 2–3
   véritable (la): 3

F

Foi (*śraddhā*)
   Caitanya-caritāmṛta (le) sur la:
     60
   importance (l') de la: 60

G

Gauḍīya *vaiṣṇavas*
   description: 88
   origines (leurs): *v*
Go
   signification du mot: *vi*
Gopīs
   position (leur): **90**, 96

Gosvāmīs
   6 (les), leur histoire: 66
   6 (les), leur importance: 36
   6 (les), Narottama Dāsa
     Ṭhākura sur: *v*, 36
   conditions (les) pour le
     devenir: *vi*
   descendants (les) de Śrī
     Nityānanda Prabhu et de
     Śrī Advaita Prabhu 66–67
   familles de, comparées: 66–67
   nés en Occident et dans une
     famille de, comparés: 66–67
   occidentaux: 66–67
   signification du mot: *vi*, 66
   titre (le) de: 66
Guhyam ākhyāti pṛcchati
   comment suivre les principes
     du: 46
   signification: 42
Guru-kula
   signification: 7

H

Hari-nāma
   signification: 52
Hātī-mātā
   signification: 67
Homme(s)
   ce qui le distingue de l'animal:
     46
   devoir (son): 19–20
   états (les) naturel et maladif
     de l': **72**, 72–73
   plus déchus (les), la *Bhagavad-
     gītā* sur: 73
   position privilégiée (la) de
     l': 19
   sage et connaissant,
     description: 95

I

Identité spirituelle
   comment la réaliser : 61
Ignorance
   comment s'en affranchir :
      72, 74
   comparée à la jaunisse : **72**
   effets (les) de l' : 72
Impersonnalistes
voir Māyāvādīs
Initiation spirituelle (*dīkṣā*)
   Bhakti-sandarbha (le) sur l' : 55
   comment l'obtenir : 55, 56, 75
   conditions (les) pour l'obtenir :
      54, 56
   Écritures védiques (les) sur
      l' : 56
   Jīva Gosvāmī sur l' : 55
   Śrīmad-Bhāgavatam (le) sur
      l' : 56
Intelligence (*buddhi*)
   usage (l') qu'en font les
      matérialistes : 26–27
Īśāvāsyam idaṁ sarvam
   cité : 26
Īśvare tad adhīneṣu
   cité : 53

J

Jana-saṅga
   signification : 22
Japa-mālā
   signification : 36
Jijñāsu
   signification du mot : 56
Jijñāsuḥ śreya uttamam
   signification : 56
Jīvasya tattva-jijñāsya
   cité : 21

Jīvera 'svarūpa' haya-kṛṣṇera 'nitya-
   dāsa'
   cité : 72
Jñāna
   signification du mot : 65
Jñāna-karmādy anavṛtam
   cité : 64–65
Jñāna-vimukta-bhakti-parama
   cité : 94
Jñānīs
   position (leur) : **90**, 94
   pseudo- (les), leur compagnie
      doit être rejetée : 46
   s'engagent dans le service de
      dévotion : 94–95

K

Kaniṣṭha-adhikārī
   comment le respecter : 52
   description : 52, 53, 65
   Śrīmad-Bhāgavatam (le) sur
      le : 53
Kaniṣṭha-vaiṣṇava
voir Kaniṣṭha-adhikārī
Karma
   signification du mot : 65
Karma-kāṇḍa
   signification : 8
Karmīs
   compagnie (leur), doit être
      rejetée : 46
   comparés aux serpents : 48
   destin (leur) : 93–94
   destin (leur), la *Bhagavad-gītā*
      sur : 91
   efforts (leurs) vains : 23
   folie (leur) : 93
   ignorants : 23
   position (leur) : 93
   sacrifices (leurs) : 93

Kaunteya pratijānīhi
   cité: 39
Kīrtana
   signification du mot: 31
Krodha
   signification du mot: 6
Kṛṣṇa
   abandon (l') à, la *Bhagavad-
      gītā* sur: 92, 95
   amour (l') de, comment le
      développer: 99
   attributs (Ses), leur
      nature: **71-72**
   comparé au soleil: 5, 77
   divertissements (Ses),
      comment les comprendre:
      v
   divertissements (Ses), leur
      nature: **71-72**
   oubli (l') de, comparé à
      l'ombre: 77
   pur amour (le) de, le *Caitanya-
      caritāmṛta* sur: 44
   saints noms (Ses), leur nature:
      71-72
   souvenir (le) de,
      Bhaktisiddhānta Sarasvatī
      sur: 82-83
   souvenir (le) de, le *Bhakti-
      rasāmṛta-sindhu* sur: 81
   souvenir (le) de, Rūpa
      Gosvāmī sur: 81
Kṛṣṇa-smaraṇa
   signification: 83
Kṛṣṇa-kathā
   puissance (la) de la: 5
   signification: 82
Kṛṣṇaṁ smaran janaṁ cāsya
   cité: 81
Kṛṣṇārthākhila-ceṣṭā
   cité: 33

Kṛṣṇa sūrya-sama
   cité: 5, 77
Kṣīṇe puṇye martya-lokaṁ viśanti
   cité: 91

L

Laghu-bhāgavatāmṛta
   sur la position de Rādhārāṇī
      et de son *kuṇḍa*: 96
Langue
   2 (ses) fonctions dans le
      service de dévotion: 61
   maîtrise (la) de la: 7
Laulya
   définition: 24
Libération
   comment y atteindre: 32, 64

M

Mādhurya-rasa
   description: 84
Madhyama-adhikārī
   Caitanya-caritāmṛta (le) sur
      le: 59
   Caitanya Mahāprabhu sur
      le: 59
   description: 52, 57, 65
   qualifié de *śraddhāvān*: 59
   Śrīmad-Bhāgavatam (le) sur le:
      57-53
Mahā-bhāgavata
   voir également Uttama-adhikārī et
      Pur *bhakta*
   description: 52
   ne doit pas être imité: 62
   offenses pouvant être
      commises à son égard: 67-68
Mahā-mantra
   comment le réciter: 57-59, 61

description : 45, 74, 75
puissance (la) du : 44–45, 57, 74, 75–76
Mahātmānas tu mām pārtha
cité : 16, 40
Maître spirituel
approche (l') d'un, sa puissance : 4
Bhagavad-gītā (la), sur l'importance du : 31–32
Caitanya-caritāmṛta (le), sur l'importance du : 32
comment l'approcher : 56
conditions (les) pour en devenir un : **1–2**, 7
devoirs (les) envers le : 62
est un *uttama-adhikārī* : 62
importance (l') du : 33, 56
Muṇḍaka Upaniṣad (la) sur l'importance du : 32
occupation (l') du : 65
position (sa) : 69
Mām ca yo 'vyabhicāreṇa
cité : 64
Maṅgala-ārati
signification : 37
Mañjarīs
description : 99
signification : 84
Mano-vega
signification : 5
Martya-loka
signification : 91
Matérialistes
compagnie (leur), doit être rejetée : 42
folie (leur) : 93
mésusent de leur intelligence : 23
paroles (leurs), vaines : 4–5, 8

sort (leur), le *Śrīmad-Bhāgavatam* sur : 93
Mathurā
importance (l') de : **86**
Mat-sthani sarva-bhūtāni
cité : 33
Mauna
signification : 5
Māyā
comment connaître sa nature : 77
comment s'en affranchir : 5
comparée à l'obscurité : 5, 77
définition : 77
emprise (son) sur les êtres, le *Viṣṇu Purāṇa* sur : 91
position (sa) face au *bhakta* : 76
Mayā tatam idaṁ sarvam
cité : 33
Māyāvādīs
athées : 47
compagnie (leur), doit être rejetée : F2>47
comparés aux serpents : 48
paroles (leurs), vaines : 4–5, 8
Méditation
définition : 30
Mental
comment le former : 80
maîtrise (la) du, nécessaire : vi, 5
nature (la) du : 80
Mouvement pour la Conscience de Kṛṣṇa
voir Association Internationale pour la Conscience de Kṛṣṇa
Mukti-kāmīs
compagnie (leur), doit être rejetée : 24

Muṇḍaka Upaniṣad
sur l'importance du maître
spirituel : 32

N

Na māṁ duṣkṛtino mūḍhāḥ
cité : 73
*Nāmno balād yasya hi pāpa-
buddhiḥ*
signification : 3
Narottama Dāsa Ṭhākura
sur la compagnie des purs
bhaktas : 36
sur les six Gosvāmīs :
vi, 36
Nehābhikrama-nāśo 'sti
cité : 39
Nirbandhaḥ kṛṣṇa-sambandhe
cité : 34
*Nitya-siddha kṛṣṇa-prema 'sādhya'
kabhu naya*
cité : 44
Niyama
signification : 24, 36
Niyama-agraha
signification : 23–24
Niyama-āgraha
signification : 23–24
Nourriture (*anna*)
Caitanya Mahāprabhu sur
la : 48
Nūnaṁ pramattaḥ kurute vikarma
cité : 93

O

Offenses
aux *vaiṣṇavas*, comparées
à un éléphant furieux :
67

Organes génitaux
impulsions (les) des, la
maîtrise des : 7

P

Pāda-sevana
définition : 31
Paix
comment l'obtenir : 47
Parābhava
signification : 94
Parābhavas tāvad abodha-jātaḥ
cité : 94
Paroles
maîtrise (la) des : 1, 4–5, 8, 22
vaines (les) : 8, 22
Patience
importance (l') de la : 34
Patita
signification du mot : 58
Patita-pāvana
signification : 58
Philanthropes
pseudo-(les), leur compagnie
doit être rejetée : 46
*Prabhu kahe, – yāṅra mukhe śuni
eka bāra*
cité : 58
Prahlāda Mahārāja
sur la pratique du service de
dévotion : 31
Prajalpa
signification du mot : 21
Prākṛta-bhakta
description : 53
Prākṛta-sahajīyās
description : 54
Prasāda
rôle (le) du : 6–7
comment l'accepter : 42, 46

Pratigṛhṇāti
  signification du mot: 46
Prayāsa
  signification du mot: 21
Prema
  signification du mot: **90**
Principes régulateurs
  comment les accepter: 24
  comment les accomplir: 35–36
  description: 24, 35, 36
  importance (l') des: 4
Pur *bhakta*
voir également Uttama-adhikārī,
  Mahā-bhāgavata et Vaiṣṇava
  comment se comporter envers
    lui: **51–52**, 52–53
  compagnie (la) d'un, sa
    puissance: 4
  conditions (les) pour le
    devenir: 68
  corps (son), comparé au
    Gange: **64**
  description: 54–55
  maître spirituel: 65
  occupation (son): 65
  offenses pouvant être
    commises à son égard:
    68–69
  position (sa): **63–64**, 65

R

Rādhā-kuṇḍa
  conditions (les) pour en
    réaliser l'importance, la
    nature divine: 88
  emplacement (son): **86**, 87
  importance (son): 88, **90**, 96,
    98, 98–99
  importance (son), le *Caitanya-*
    caritāmṛta sur: 96

  importance (son), le *Laghu-*
    bhāgavatāmṛta sur: 96
  permet de développer l'amour
    de Kṛṣṇa: 98
  position (la) du: 96, **98–199**
  préféré des *bhaktas*: 99
  service de dévotion (le)
    accompli sur les bords
    du: 99–100
Rādhārāṇī
  position (Sa): **90**, 96, **98**
  position (Sa), le *Caitanya-*
    caritāmṛta sur: 96
Rāga-bhakti
  comment l'atteindre: 84
Rāgānuga-bhakti
  comment l'atteindre: 84
Rasas
  5 (les), description: 84–91
Rati-vilāsa
  signification: 87
Réalisation spirituelle
  conditions (les) pour
    l'atteindre: 24
Religion
  but (le) de la: 21
  exigences (ses): 21
  féconde (la), son critère: 47
  rôle (son): 47
Richesse
  juste partage (le) de la: 24–27,
    49
  juste partage (le) de la, la *Śrī*
    Īśopaniṣad sur: 26
Rūpa Gosvāmī
  œuvres (ses): *vi-vii*
  sur le pur service de dévotion:
    30
  sur le souvenir de Kṛṣṇa: 81
  sur l'importance de
    Vṛndāvana: 82

Rūpa-raghunātha pade
   cité: *v*

S

Sādhana
   signification du mot: 82
Sādhu
   signification du mot: 66
Sādhya
   signification du mot: 82
Sage
   Bhagavad-gītā (la) sur le: 38
Sa guṇān-samatītyaitān
   cité: 65
Sakhī(s)
   signification du mot: 99
Sakhya
   définition: 31
Sakhya-rasa
   description: 84
Sampatti-daśā
   définition: 83
Saṅgat sañjāyate kāmaḥ
   cité: 43, 48
Saṅga-tyāgāt sato vṛtteḥ
   signification: 42
Saṅkīrtana
   Mouvement (le) du, son rôle:
      44–45
   puissance (sa): 44–45
Śānta-rasa
   description: 84
Śarīra-bandha
   signification: 94
Sarva-dharmān parityajya
   cité: 61
Sarvam etad ṛtaṁ manye
   cité: 60
Śāstra-yukti nāhi jāne dṛḍha,
   śraddhāvān

cité: 59
Sato vṛtti
   signification: 37
Sa vai puṁsāṁ paro dharmo
   cité: 47
Savoir
voir Connaissance
Sens
   maîtrise (la) des, nécessaire:
      vi
Service de dévotion
   3 (ses) niveaux: 52
   9 (les) pratiques du: 31
   accompli (le), sur les bords
      du Rādhā-kuṇḍa: **90**,
      99–100
   accomplissement (l') du,
      Prahlāda Mahārāja sur: 31
   accomplissement (l') du, le
      Śrīmad-Bhāgavatam sur: 31
   Bhagavad-gītā (la) sur le: 40
   but ultime: 38
   Caitanya-caritāmṛta (le) sur le:
      60
   Caitanya Mahāprabhu sur
      le: 59
   comment s'y établir: 48–49
   comment y accéder: 32–33
   comment y progresser: 38,
      40
   définition: 38
   développement (le) du,
      Bhaktisiddhānta Sarasvatī
      sur: 82
   essence (l') de tous les
      enseignements sur le: 84
   nature (sa): 30
   plus haute perfection (la)
      du: 99–100
   puissance (sa): 4
   pur et complet: 39

pur (le), comment l'accomplir:
   29–30, 30–31
pur (le), le *Bhakti-rasāmṛta-
   sindhu* sur: 30
pur (le), Rūpa Gosvāmī sur:
   30
qualités (ses): 5
spontané (le): 95
spontané (le), description: 83–84
Sevā sādhakā-rūpeṇa
   cité: 82
Sevonmukhe hi jihvādau
   cité: 61
Siddha-deha
   signification: 99
Siddhi-kāmīs
   compagnie (leur), doit être
      rejetée: 24
Siddha-puruṣa
   définition: 82
Śikṣāṣṭaka
   sur la purification du
      cœur: 44–45
   sur le chant des saints
      noms: 74
Smaraṇa
   définition: 31
Smaraṇāvasthā
   signification: 83
Souffrance
   3 (les) formes de: 93
Śraddhā
   signification du mot: 60
'*Śraddhā*' – *śabde* – *viśvāsa kahe
   sudṛdha niścaya*
   cité: 60
Śraddhāvān
   signification du mot: 59
*Śraddhāvān jana haya
   bhakti-adhikārī*
   cité: 650

Śravaṇa
   définition: 31
Śravaṇa-kīrtana
   signification: 44
Śravaṇaṁ kīrtanaṁ viṣṇoḥ
   cité: 31
Śrī Īśopaniṣad
   sur le partage des
      biens: 26
Śrīmad-Bhāgavatam
   sur l'accomplissement du
      service de dévotion: 31
   sur le *dharma*: 52
   sur le *kaniṣṭha-vaiṣṇava*:
      52
   sur le *madhyama-adhikārī*:
      53
   sur les matérialistes: 93
   sur le sort des matérialistes:
      93
   sur les paroles d'inspiration
      spirituelle: 8–9
   sur les paroles vaines: 8
   sur l'expiation: 3–4
   sur l'initiation: 56
Śuddha-bhakti
   signification: 64
Śuddha-vaiṣṇava
   signification: 69
Svāmī
   signification du mot: *vi*

T

Tad viddhi praṇipātena
   cité: 31
Tad-vijñāna
   signification: 56
*Tad-vijñānārthaṁ sa gurum
   evābhigacchet*
   cité: 32, 56

Tāndera caraṇa sevi bhakta-sane vāsa
    cité : 36
Tapasā brahmacaryeṇa śamena ca damena ca
    cité : 56
Tapasvī
    signification du mot : 7
Tasmād guruṁ prapadyeta jijñāsuḥ śreya uttamam
    cité : 56
Tat-tat-karma-pravartanāt
    cité : 36
Tiṣṭhan vraje
    signification : 81
Tṛtīyā śaktiḥ
    signification : 91

U

Univers matériel
    comment s'en affranchir : 32–33
Upadeśāmṛta
    but (son) : *vi*
    importance (son) : *vi-vii*
Utsāha
    signification du mot : 34
Utsāhān niścayād dhairyāt
    cité : 40
Uttama-adhikārī
    comment le reconnaître : 62
    comment se comporter envers lui : 55
    conditions (les) pour atteindre le niveau de l' : 57
    description : 52, 55, 62
    maître spirituel : 62
Uttamam
    signification du mot : 56
Uttamā bhakti
    définition : 30

V

Vaiṣṇava
voir également *Bhakta*
    avancé (le), sa position : 69
    Caitanya-caritāmṛta (le) sur le : 59–60
    Caitanya Mahāprabhu sur le : 36, 59
    néophyte (le) sa position : 69
    offenses (les) pouvant être commises à son égard : 68–69
Vaiṣṇava-aparādha
    signification : 68–69
Vandana
    définition : 31
Varaṇa-daśā
    signification : 83
Vātsalya-rasa
    description : 84
Vertu (*sattva-guṇa*)
    comment s'y élever : *vi*
Vie humaine
    but (le) de la : 21, 93
Vie spirituelle
    comment en retrouver la saveur : 75
    et la foi : 61, 75
Vikarmī
    signification du mot : 92
Vipralambha-sevā
    signification : 96
Viṣayīra anna khāile duṣṭa haya mana
    cité : 48
Viṣṇu Purāṇa
    sur l'emprise de *māyā* sur les êtres : 91

Viṣṇu-śaktiḥ parā proktā
  cité : 91
Viśuddha-sattva
  signification : 37
Vrajabhūmi
voir Vṛndāvana
Vṛndāvana, Vraja
  ou Vrajabhūmi
  forêts (les) de, leur
    importance : 86
  importance (l') de : **86**
  importance (l') de, le
    Bhakti-rasāmṛta-sindhu
    sur : 81
  importance (l') de,
    Rūpa Gosvāmī
    sur : 81
  superficie (la) de : 81

Y

Yāhāra komala śraddhā, se
  'kaniṣṭha' jana
  cité : 57
Yama
  signification du mot : 36
Yaṁ yaṁ vāpi smaran bhāvaṁ
  cité : 80
Yā niśā sarva-bhūtānāṁ
  cité : 38
Ye yathā māṁ prapadyante
  cité : 92
Yoga-āsanas
  pratique (la) des :
Yogīs
  pseudo- (les), leur compagnie,
    doit être rejetée : 46

Table des matières

Préface   v

Premier verset   1
Deuxième verset   15
Troisième verset   29
Quatrième verset   41
Cinquième verset   51
Sixième verset   63
Septième verset   71
Huitième verset   79
Neuvième verset   85
Dixième verset   89
Onzième verset   97

L'auteur   103
L'histoire de Govindajī   107
Glossaire   111
Guide de prononciation du sanskrit   127
Références   131
Index des versets sanskrits   133
Index général   135

Centres de bhakti-yoga dans les pays francophones

Acharya-fondateur Śrī Śrīmad A.C. Bhaktivedanta Swami Prabhupāda

Pour une liste complète de tous les centres à travers le monde visitez **centres.iskcon.org** ou **directory.krishna.com.** Pour des informations sur les horaires, festivals, cours ou conférences, adressez-vous au centre le plus près de chez vous. Mise à jour des adresses : novembre 2019

✦ Centres où il y a un restaurant

France

Paris – 230 Avenue de la Division Leclerc, 95200 Sarcelles; Tél. +33 (0)1 34 45 89 12; paris@pamho.net; iskcon.fr

Luçay-le-Mâle – La Nouvelle Mayapura, Domaine d'Oublaise, 36360 Luçay-le-Mâle; Tél. +33 (0)2 54 40 23 95; newmayapur.com

Suisse

Zürich – Krishna-Gemeinschaft Schweiz, Bergstrasse 54, 8032 Zürich; Tél. +41 (0)44 262 33 88; kgs@krishna.ch; krishna.ch

Langenthal – Gaura Bhaktiyoga Center, Dorfgasse 43, 4900 Langenthal; Tél. +41 (0)62 922 05 48; gaura.bhaktiyoga.center@gmx.ch; gaura-bhakti.ch

Canada

Montréal – 1626 boulevard Pie-IX, Montréal (Québec) H1V 2C5; Tél. +1 514 521 1301; iskconmontreal@gmail.com; iskconmontreal.ca

Ottawa ✦ 212 Somerset Street East, Ottawa (Ontario) K1N 6V4; Tél. +1 613 565 6544; ottawa.iskcon.ca

Côte d'Ivoire

Abidjan – Temple Hare Krishna, Cocody-Angre, Villa 238, Cité Blanche, Abidjan; (P.O. Box: 09 BP 715 ABJ 09); Tél. +225 05 648 329, +225 42 145 150; bhakti.carudesna.swami@gmail.com

Belgique

Durbuy ✦ ISKCON Radhadesh, Petite Somme 5, 6940 Septon–Durbuy; Tél. +32 (0)86 32 29 26, info@radhadesh.com; radhadesh.com

La Réunion

Le Tampon – Association Réunionnaise Sankirtan, 48 rue Paul Velaine, 97430 Le Tampon; Tél. +(0)262 49 76 32, +(0)693 31 44 27; iskcon.reunion@gmail.com

Île Maurice

Bon Accueil – ISKCON Vedic Farm, Hare Krishna Road, Vrindavan, Bon Accueil; Tél. +230 418 3955, +230 418 3185; sriniketandas@yahoo.com; iskconmauritius.org

Phoenix ✦ Sri Sri Radha Golokananda Mandir, Srila Prabhupada Street, Vacoas, Phoenix; Tél. +230 696 5804; info@iskconvedicfarm.mu; iskconmauritius.org

République démocratique du Congo

Kinshasa – Commune de Mont Ngafula Mbudi Safrica, avenue du Fleuve N° 1, Kinshasa; Tél. +243 813 680 321; bhakti.carudesna.swami@gmail.com

Togo

Lomé – Sis Face Place Bonke, dans l'allée du magasin Mousse Confort, Tokoin Hospital 01, BP 3105; Tél. +228 93 183678, +228 91 155164; iskcontogotokoin@yahoo.fr